강점 집중

강점 집중

내 안의 가치를 브랜드로 바꾸는 성공 전략

초 판 1쇄 2024년 04월 12일

기   획 전명희
지은이 박주호, 신수옥, 김혜경, 김진희, 김수진
펴낸이 류종렬

펴낸곳 미다스북스
본부장 임종익
편집장 이다경
책임진행 김가영, 윤가희, 이예나, 안채원, 김요섭, 임인영, 권유정

등록 2001년 3월 21일 제2001-000040호
주소 서울시 마포구 양화로 133 서교타워 711호
전화 02) 322-7802~3
팩스 02) 6007-1845
블로그 http://blog.naver.com/midasbooks
전자주소 midasbooks@hanmail.net
페이스북 https://www.facebook.com/midasbooks425
인스타그램 https://www.instagram/midasbooks

ISBN 979-11-6910-586-6 03190

값 17,500원

강점 집중

박주호 신수옥 김혜경 김진희 김수진

내 안의 가치를
브랜드로 바꾸는 성공 전략

Focus on your forte

미다스북스

"혁신의 속도를 높이려면 우리의 영혼, 즉 우리만의 독특한 가치를 다시 발견해야 합니다."

2000년대에 들어서면서 내리막길을 걷던 마이크로소프트를 다시 완벽하게 부활시킨 장본인 사티아 나델라 대표가 MS 직원들에게 한 말입니다.

'우리만의 독특한 가치'는 세계 운명을 좌우하는 글로벌 거대 기업에 요구되는 혁신 조건이기도 하지만 너무 빠른 변화와 범람하는 정보 속에 사는 우리에게도 꼭 필요한 요소일 것입니다. 우리는 스스로 답을 찾으며 혼자 살아가야 하는 시대에 살고 있기 때문입니다.

바야흐로 1인 기업의 시대입니다. 많은 사람이 자신만의 강점을 살려 1인 기업을 창업하고 성공을 향해 분주하게 움직이고 있습니다. 하지만 성공을 향한 실행보다 성급한 마음이 앞서 다른 사업가의 행보를 무조건 따라가며 진정한 자신의 가치를 잊게 되는 실수도 범하게 됩니다.

"나만의 가치가 세상을 이겨낼 수 있는 무기가 될 것입니다."

이 책에 나오는 다섯 작가는 미래 시대의 성공적인 삶을 준비하기 위해 '질문, 창의성, 소통, 자유, 플랫폼', 이 다섯 가지의 키워드를 제안하고 있습니다. 이 다섯 가지의 가치를 자신의 최고 무기로 삼은 동시에 타인의 성장을 돕고 있습니다.

박주호 작가는 학창 시절 질문을 잘하는 학생이었고 대학 시절부터 학원의 메카 대치동에서 수학 강사를 했습니다. 강사를 거쳐 전문학원 원장이 되면서 점점 질문을 어려워하는 학생들의 모습을 안타까워하며 그 이유를 찾기 시작했습니다. 시대가 아무리 변해도 질문의 중요성을 알고 있는 작가는 질문하는 앱 하이큐썸을 설계 기획하여 스스로 공부하는 학생들을 돕고 있습니다.

신수옥 작가는 20년 경력의 미술학원 원장입니다. 미술학원에서 아이들을 가르치며 잘 그린 그림이 무엇인지 생각하며 어른들이 정한 기준에 아이들의 창의성을 끼워 맞추고 있는 것은 아닌지 고민합니다. 아이들의 창의성을 위해 교사의 티칭이 아닌 코칭으로 지도하고 있습니다. 아이들과 가장 가까운 자리에서 마음을 나누며 꿈을 찾아내는 교사입니다.

김혜경 작가는 영어를 통해 아이들과 열정적으로 소통하는 전문가입니다. 의사소통 기술로서 영어를 재미있게 가르치기 위해 매일 새로운 방법을 연구합니다. 아이들이 자연스럽게 영어를 즐기며 세계를 무대로 살아갈 수 있도록 창의적인 TPR 교육 방법을 기획하고 있습니다.

김진희 작가는 어렸을 때부터 중년이 되는 과정에서 사람 마음에 관심이 많았습니다. 그 결과 모든 이의 자유로운 마음을 위한 마음 성장 코치 지니쌤이 되었습니다.
20년간의 간호사 경력과 교육학 박사의 식견을 바탕으로 내면의 자유와 행복을 찾아가는 혁신적인 삶의 방식을 제시합니다. 숭실대학교에서 평생교육학을 공부하며 아이들부터 성인에 이르기까지 모든 이가 내면의 자유와 행복을 향해 노마디즘적 삶을 설계하고 실현해 나갈 수 있길 바라며 글을 썼습니다.

마지막으로 김수진 작가는 공부방 원장으로 시작해 디지털 마케팅 컨설턴트로 학원 원장을 대상으로 전반적 온라인 마케팅과 블로그 코칭을 하고 있습니다. 지난 시간 공부방 홍보를 위해 여러 마케팅 방법을 시도했고 많은 시행착오를 거쳐 학원 홍보를 위한 플랫폼의 중요성을 알게 되었습니다. 플랫폼의 시작이 마케팅의 기본이자 온라인 세상의 거대 주인으로 성장할 수 있다는 것을 경험하며 온라인 마케팅 방법을 제안하고 있습니다.

다섯 작가 각자의 개성과 강점을 통해 전하는 가치는 미래 사회를 준비하는 이들에게 깊은 인사이트를 제공할 것입니다. 이들의 경험과 지혜는 변화의 시대에 자신만의 길을 찾아가려는 사람들에게 소중한 가이드가 될 것입니다. 다양한 분야에서 자신의 역량을 발휘하며 세상에 긍정적인 영향을 끼치고 있는 다섯 작가의 이야기에 함께하기를 기대합니다.

목차

Chapter 4

김진희 이야기:
몰입하는 자유, 노마디즘은 삶의 전환점이다

Chapter 5

김수진 이야기:
플랫폼의 시작, 마케팅의 기본이다

Chapter 1

박주호 이야기:
질문이 무기다

수업을 잘한다는 건 어떤 것일까 고민하는 날이 많았다. 그 고민에 대한 답은 시간이 지날수록 '올바른 지식의 전달'이라는 처음 생각에서 점차 '선생님과 학습자와의 잦은 소통'으로 바뀌었다. 학습의 소통은 곧 질문이다. 질문이 단절된 수업은 좋은 수업이 될 수 없다는 믿음 그리고 확신에서 나의 무기를 만들기로 마음먹었다.

$$\textcircled{1}$$

왜 질문 어플이 최고의 선택일까?

나는 강사로 15년 동안 학생들을 가르치고 있다. 주간에는 재수생을 가르치고, 저녁에는 고등학생들 단과수업을 한다. 이렇게 양쪽의 수업을 진행해 보니 특이하고 신기한 차이점을 발견하게 되었다. 먼저 재수생들은 엄청나게 많은 질문을 해댄다. 수업을 마치는 종이 울리자마자 교실 밖 복도에 20여 명이 줄을 서 있는 건 다반사다. 그렇게 질문에 답을 해주다 보면 화장실 갈 새도 없이 다음 수업을 들어가야 할 때가 많았다.

그런데 저녁 단과반 고등학생들은 거의 질문을 하지 않는다. 심지어 1년 동안 단 한 번도 질문을 하지 않는 학생도 많다. 물론 과제에서 모르는 부분이 없어 질문이 필요 없는 경우도 있고, 자신이 모르는 것이 이미 다른 학생들에 의해 질문되어 질문할 필요가 없는 경우도 있다. 하지만 이러한 상황들을 모두 고려해도 한 학생이 그렇게 오랜 시간 동안 단 한 번도 질문하지 않는다는 사실을 선생님이 이해하기는 쉽지 않다.

이유가 무엇일지 곰곰이 생각해 봤다. 혼자 생각하는 것보다는 당사자에게 직접 물어보는 것이 좋겠다 싶어서 한 학생을 붙잡고 물어봤다.

"친구야, 질문이 하나도 없니? 다 이해가 되었어?"

"아…니요. 집에 가서 한 번 더 봐야 할 것 같아요."

이렇게 대답한 학생은 후다닥 집으로 가기 바빠 보였다.

여전히 이유를 알 수 없었다. 그래서 어느 날 질문을 하지 않는 학생들 한 명 한 명과 면담을 해보았다. 그러고 나니 고등학생들이 재수생보다 질문을 훨씬 덜 하는 이유를 어느 정도 알 수 있었다.

첫째, 고등학생들은 재수생보다 문제 해결에 대해 절실하지 않았다. 수능 시험에 한 번 실패해 본 재수생들은 이번에 또 떨어지면 안된다는 간절함이 강했다. 그래서 한 문제 한 문제가 중요했고 하나라도 더 확실히 알아야 했다. 그에 반해 고등학생들은 모르는 것이 있긴 하지만 지금 당장 알아야 한다는 절실함이 부족했다. 집에 가는 것이 더 좋은 것이다. 귀찮기도 하고 다른 자료를 통해서 모르는 것을 해결할 수도 있다는 일종의 여유도 있어 질문을 중요하게 생각하지 않는 것이었다.

둘째, 자기만 튀는 것이 싫었다. 재수생들은 강의실에서 질문하는 모습이 흔하고 그렇게 질문하는 것을 눈으로 보고 배우며 본인도 다른 친구들처럼 실천하는 상황이 된다. 하지만 고등학생의 경우는 수업 시간에 질문하는 몇몇 학생을 제외하고는 남아서까지 열정을 쏟는 학생이 드물다. 고등학생은 교실에서 질문하는 것이 흔한 모습이 아니었다. 더욱이 남아서까지 질문하는 것 자체가 특별한 용기를 내야 하는 일인 것 같고 본인만 튀는 것 같다고 생각하는 것이다. 다른 아이들의 시선이 중요한 고등학생들에게는 중요한 이유일 수도 있었다.

셋째, 선생님에게 말 거는 것 자체를 어려워했다. 모든 학생이 선생님과 친밀한 관계를 유지하기는 쉽지 않다. 질문하는 행동 자체가 부끄럽거나 불편하다고 생각하는 학생들도 많다. 공부에 질문은 필수적인데, 질문에 대한 답을 수업을 가르치는 선생님이 아닌 문제집의

해설지나 친구에게 의존하는 경우가 아주 많다. 물론 해설지를 잘 이해했거나 훌륭한 친구를 곁에 두었다면 다행스럽게 학습이 될 것이다. 하지만 실제로 수업을 한 선생님만큼 확실한 답변을 해줄 수 없다. 잘못된 답변은 문제에 대한 불확실한 이해를 주고, 그로 인해 수업이 더 어려워질 수 있다. 학생들도 그것을 알고 있겠지만 선생님에게 말 걸기 어려우니 그냥 넘어가려는 태도였다.

질문은 학업에 너무나 중요한 요소이다. 많이 하면 할수록 좋은 것이 질문이다. 나는 학생들이 보다 적극적으로 질문을 할 수 있도록 돕고 싶었다. 깊은 생각 끝에 다다른 결론은 '질문하는 태도를 좋은 습관으로 만들자' 였다. 학생들이 이해하지 못한 것에 대해 질문하는 것을 마치 밥 먹고 양치하거나 아침에 세수하는 것처럼 당연하게 여기도록 하는 방법을 생각했다. 어떻게 하면 좋은 습관이 될 수 있을까 고민하다 찾아낸 방법이 '온라인 질문'이었다.

처음에는 학생들에게 의무적으로 카카오톡을 통해 5문항씩 질문을 하라고 시켰다. 질문하는 연습 단계였다. 그렇게 한 달, 두 달 지나고 나니 이제 시키지 않아도 질문이 오고, 질문의 개수도 많게는 하루에 10개가 넘을 정도로 늘었다.

놀라운 변화였다. 그 변화는 고등학생뿐만 아니라 재수생들에게도 나타났다. 재수생들의 질문 양은 상상 초월이었고, 하루에 3시간 넘게 질문을 받아도 다 받지 못할 정도가 되었다. 학습자에게 절실함은 최고의 질문 동기 유발 요소임은 틀림없다. 거기에 선생님을 찾아오지 않아도 질문할 수 있다는 편리함을 추가하고 나니 절실함을 갖춘 재수생들에게는 질문 폭발 요소가 되었다. 고등학생 교실 현장에서도 그 변화는 아직도 이루어지고 있다.

나는 좀 더 자유롭고 다양한 솔루션을 제공하고자 질문하는 어플 제작에 들어갔다. 1년 후, 어플이 완성되었고 어플에 저장된 기존의 답변을 활용해 답변을 조금 더 빠르게 제공하니 질문 수는 계속 늘어났다.

나는 학생들을 수동적으로 학습시키는 교육 현장이 되어가고 있다는 교육 전문가들의 분석에 깊이 공감한다. 하지만 학생들의 능동적 참여를 일으키는 양방향 학습이 활성화되는 것은 대한민국의 수능 체계 속에서 쉽지 않다. 현재 한국의 교육은 방대한 지식의 빠른 습득에 최적화되어 있고, 그 장점을 얻기 위해 지금의 일방향적인 교육 모습이 되었기 때문이다. 다만 학생들에게 질문하는 학습 태도를 키워주면 그런 양방향 학습의 물꼬를 틀 수 있을 거로 생각한다. 지금 우리

학교에서는 학생들의 질문이 충분히 해결되지 못하는 실정이다. 그러다 보니 학생들은 점점 학교에서 질문하지 않게 되고 질문이 주는 학습효과를 느낄 기회를 잃어간다.

이러한 교육환경을 바꿔야 학생들의 바람직한 성장을 기대할 수 있다. 학생들의 눈높이에 맞춘 선생님의 답변을 언제나 기대할 수 있다면 학생들의 학습 태도 변화를 일으킬 수 있다고 믿는다. 그래서 나는 질문하는 어플을 개발하는 데 많은 시간을 쏟아부었다. 학생들 곁에 항상 있을 수 있는 친절한 답변 선생님, 질문 어플 '하이큐썸'이 그것이다. 향후 온라인 질문 어플은 다양한 교육 상황의 문제를 해결할 강력한 솔루션이 될 것이다.

②

가장 능동적인 공부 습관, 질문

2014년 KBS에서 방영한 다큐멘터리 〈거꾸로 교실〉을 아주 감명 깊게 본 기억이 있다. 거꾸로 교실은 '플립러닝(거꾸로 수업)'이라 하여 학생들이 수업 이전에 온라인으로 수업을 듣고, 실제 수업 현장에서는 모둠을 나누어 온라인으로 배운 지식을 활용하는 구조의 수업 형태이다. 방송에서 실제 거꾸로 수업을 적용한 현장 사례를 소개했다. 학생들의 변화를 보기 위해 3부작으로 만들어진 영상이 끝날 때까지 눈을 떼지 못하고 봤다. 결과적으로 '플립러닝'을 적용한 해당 수업 학생들의 참여도는 급증하였고, 성적 상승 폭 또한 대단했다. 이 다큐멘터리를 보고 심장이 쿵쾅거렸던 느낌이 지금도 생생하다.

사명감이 있는 강사라면 어떻게 수업하는 것이 학생들에게 좋을까라는 고민을 해보기 마련이다. 이런 고민에 명쾌한 답을 내리지 못해서 다른 나라의 수업 방식을 찾아보기도 하고, 가까이는 유명 강사의 수업을 엿보기도 한다. 나의 경우에는 수업의 횟수가 누적될수록 좋은 교육 방법에 대한 갈증이 심해져서 밤샘 교재 작업으로 그 갈증을 조금이나마 해소하는 날들도 많았다. 그런 나에게 '거꾸로 수업'은 신선한 충격이 아닐 수 없었다. '학생들의 능동적인 참여' 그것이 좋은 교육 방법의 핵심 키워드 중 하나라는 건 알고 있었지만, 어떻게 이끌어내야 하는지 배울 곳이 없던 차에 마치 누군가 나의 고민을 알고 내려준 선물 같은 방송이었다.

수업 현장에서 한 교실의 학생 수가 5명을 넘어가기 시작하면 학생마다 해당 문제의 어느 부분을 어떻게 모르는지 파악하기 어렵게 된다. 학생들이 문제를 어떻게 풀었는지 교실을 돌아다니면서 일일이 보는 것만으로도 벌써 많은 시간이 소비되기 때문이다. 학생 수가 더 많아진 상황에서 칠판에 문제를 풀어줄 때 학생들이 이해되지 않는 부분을 적극적으로 표현하지 않는다면, 칠판 풀이가 학생에게 만족스러운지 알기란 어렵다.

예컨대,

"선생님, 저도 그 방식으로 풀긴 풀었는데요. 더 간단히 풀 수 있는 방법은 없을까요?"

"선생님, 이 문제에서 (가) 조건을 이런 식으로 바꾸면 어떻게 되나요?"

"선생님, 제가 푼 방식에서 무엇이 잘못된 걸까요?"

마음속에 이런 질문이 있는 학생이 적극적으로 물어보지 않는다면 칠판에서 문제 풀이하는 것이 큰 의미가 없을 수도 있는 것이다.

문제를 풀어주는 선생님은 학생들의 표정만 보고 이해의 정도를 짐작할 수밖에 없는 것이다.

그러나 이를 단지 수업 시간에 모르는 것을 표현하지 않는 학생들의 문제로만 치부하기는 어렵다. 능동적으로 수업에 참여하는 분위기가 형성되지 않은 우리나라 대부분의 수업 현장의 문제라고 보는 것이 옳다. 이렇게 마음속 질문을 차마 말하지 못한 채 가슴에 품고 집으로 돌아가는 학생들이 많다는 생각에 늘 안타까웠다.

앞서 말한 '거꾸로 수업'은 학생이 수업 전에 온라인으로 학습하고, 그것을 수업에서 활용함으로써 학생들의 수업 참여를 늘리자는 취지의 학습 방식이다. 나는 그것에서 교훈을 얻어 학생이 수업 전에 과제를 하면서 모르는 문항이 생기면 선생님에게 온라인으로 질문하고, 선생님은 학생들에게 받은 질문들을 토대로 공통으로 어려웠던 문제를 선정하여 수업 시간에 다시 풀거나 학생들의 질문 중 좋은 질문을 골라 함께 해결하는 수업 방식을 고안했다. 대다수가 어려워하는 문제를 칠판에 다시 풀어주면 학생들의 수업 참여도가 높아지는 것은 쉽게 예측 가능한 일이었다. 또한 아래와 같이 단순 문제 풀이 질문을 넘어서는 질문을 선택하여 수업 시간에 함께 얘기한다면, 해당 질문을 한 학생의 수업 참여도는 높을 수밖에 없고 다른 학생들의 질문 방식에도 변화를 줄 수 있다.

"어제 주호가 이 문제의 (가) 조건을 이렇게 변형하면 어떻게 되느냐는 질문을 했는데, 모두가 한 번쯤 생각해보면 좋을 것 같아."

"화진이와 몇몇 학생이 이번 과제 27번 문항에서 해설지와 다른 방식의 풀이를 제안했는데, 그 풀이 중에 화진이 풀이가 정말 좋아서 같이 한 번 보면 좋을 것 같아."

이처럼 학생이 선생님에게 온라인으로 질문을 하면 다른 학생들의 눈치를 보지 않을 수 있어서 더 본인에게 맞는 질문을 할 수 있고, 과제를 하면서 바로 답변받을 수 있어서 과제 수행률도 높아진다. 나는 이렇게 1년 넘게 수업을 진행해 왔고, 아래와 같은 결론에 도달했다.

하나, 질문은 선생님이 학생을 진단할 수 있는 가장 좋은 수단이다.

학생들이 질문하면, 선생님은 질문자의 문제 이해 수준을 알 수 있고, 질문자가 문제를 해결하는 방식을 분석할 수 있고, 질문자가 현재 수업을 잘 따라가고 있는지 파악하는 데 큰 도움을 얻을 수 있다.

둘, 질문은 선생님과 학생이 소통할 수 있는 가장 좋은 수단이다.

질문을 매개로 하여 선생님과 학생이 대화를 주고받을 수 있다. 질문을 통해 학생을 진단한 선생님이 학생에게 조언할 수 있고, 학생은 선생님과 깊은 유대감을 형성한다. 학생과 라포 형성이 잘된 선생님의 "힘내"라는 말 한마디는 학생의 인생을 크게 변화시킬 수도 있다는 점에서 질문은 단순히 문제의 풀이를 듣는다는 기본 목적 이상의 순기능이 있다.

셋, 질문은 학생이 수업에 참여하는 가장 좋은 수단이다.

학생들 대부분은 칠판에서 선생님이 가르쳐주는 내용들을 받아적거나 이해하면서 일방적인 내려받기식 수업에 익숙하다. 그래서 대부분의 수업은 선생님이 주도하게 되며 학생은 그 수업에 끌려가는 느낌이 들 수밖에 없다. 그러면 학생이 수업을 이끌어간다는 것이 도대체 무엇이냐고 반문하는 사람도 생긴다. 학생이 수업을 이끌어간다는 건, 학생 개개인의 이해에 맞추어 수업이 진행되고, 학생들이 수업 진행에 질문으로든 토론으로든 어떤 형식으로든 직접 참여하는 비중이 높아지는 것을 의미한다. 그래서 질문은 학생이 수업에 참여할 수 있는 가장 쉬운 방법이고, 학생이 수업을 이끌어갈 수 있는 가장 좋은 수단이다.

여기까지 종합해 보면 질문은 학생을 선생님과 수업에 연결해 주는 다리와 같은 역할을 한다. 질문 주체자는 학생이고 질문한다는 것은 학생 스스로가 문제를 제대로 익히기 위한 과정 중 하나이다. 즉, 질문은 학생이 능동적으로 학습하는 방식이고, 정말 중요한 학습 매개체임은 틀림없다.

1년간 이 질문 프로젝트를 진행하면서 얻은 가장 중요한 결론은 학생이 질문을 조금씩 시작하다 보면 습관처럼 길들게 되고 질문을 꾸준히 하게 된다는 점이다.

"아, 질문도 습관이구나."라는 결론을 내고, 오늘도 나는 학생들에게 좋은 공부 습관을 주기 위해, 집에서 과제 하면서 질문하는 온라인 질문 어플을 권한다.

이해와 오해를 이어주는 질문의 힘

중학교 때의 어느 날이었다. 아마 그날이 내 일생에 가장 많이 교무실을 간 날이 아닌가 싶다. 과학 시간에 검전기를 배우던 시기였다. 선생님의 설명을 들을 때는 분명히 이해되었는데 수업이 끝나자마자 헷갈려서 교무실로 과학 선생님을 찾아갔다. 선생님의 설명을 들으니 또 이해되었다. 그런데 교무실 문을 나서니 다시 헷갈렸다. 또 들어갔다. 선생님 설명을 들으면 또 이해되었다. "아하!" 하고 교무실 문을 나서는 순간 또 이해가 안 되었다. 나는 또 들어갈 수밖에 없었다. 여러 번 알려주었는데도 금세 돌아오는 나를 보고 선생님의 표정이 점점 일그러지고 짜증스러워지는 듯했다. 선생님의 그런 표정을 본 나는 어린 마음에 내가 질문하는 것이 잘못된 행동인가 하는 생각도 들었다. 그리고 그 이후에는 선생님에게 질문하는 것이 어려워졌다. 모순적이지만 그때 이해될 때까지 끝까지 질문했던 실천력(?) 덕분에 검전기의 원리는 지금까지 머릿속에 잘 정리되어 있다.

누구나 나처럼 학창 시절에 수업을 듣고 이해가 잘 안 되어 고개를 갸웃했던 기억이 한 번쯤은 있을 것이다. 어떤 때는 친구와 문제에 관해 이야기하다가 또는 문제를 풀고 해설지를 읽으면서 '아, 내가 이해를 잘못하고 있었구나.' 하며 깨달은 적도 있다. 이렇게 오해된 학습의 결과물을 쉽게 바로잡을 수 있으면 다행이지만 그 오해를 풀지 못한 채 중요한 시험에 이르면 오해는 참담한 결과로 드러나는 경우가 많다.

학습 과정에서 문제에 대한 친구와의 대화나 문학적이지만 해설지와의 대화는 질문의 과정과 다르지 않다. 즉, 대화 주체가 누구이든 묻고 답변하는 과정을 통해 잘못 이해된 부분을 바로잡을 수 있다. 올바른 이해를 위해 필요한 질문의 횟수와 시간은 사람마다 다르더라도 오해를 바로잡는 방법이 질문이란 사실은 동일하다.

오랜 시간이 지나 학생을 가르치게 되면서 내가 아는 것을 학생에게 똑바로 전달하는 것이 얼마나 어려운지 느끼게 되었다. 학생마다 이해의 범주가 다르기 때문이기도 했고, 나의 전달력이 부족하기 때문이기도 했다. 여기서 학생이 자신의 이해 정도를 알려주거나, 나의 전달력에 문제가 있음을 알려주는 한 가지가 질문이다. 다시 말하면, 질문이 없는 수업은 완전무결한 수업이라기보다 확률적으로 소통이 되지 않는 수업에 더 가깝다고 할 수 있다. 나는 이 점에 주목했다. 그래서 모든 수업에서 질문이 활성화되기를 바랐고, 학생들이 질문하지 않는 이유를 찾기 위해 나의 학창 시절을 되짚어 보는 시간을 많이 가졌다.

대학 시절, 나는 큰 강의실에서 질문하기란 강의실 크기만큼의 용기가 필요하다는 걸 느꼈던 때가 있다. 너무 궁금했지만 차마 입이 떨어지지도 않았고, 손을 드는 것조차 어마무시한 용기가 필요했다. 그렇게 질문하지 못해 궁금증으로 남아 있던 지식들이 온전히 내 것으로 쌓이지 못했기에 내가 더 발전할 수 없었던 건 아닌가 하는 회한도 남아 있다.

나의 학창 시절 경험에서 학생들의 마음을 엿보고, 때론 학생들과의 면담을 통해 질문하지 못하는 이유를 살폈다. 학생들로 하여금 질문하지 못하게 하는 여러 가지 요소들이 있었고, 그것을 해소하기 위해 시작했던 프로젝트가 온라인 질문 어플 '하이큐썸'이었다.

질문 어플을 만들고 학생마다 축적되는 질문을 보니 학생들이 똑같은 질문들을 많이 한다는 것을 알게 되었다. 그 질문 부분은 내 강의의 보완점이 되어 내가 더 좋은 강의를 할 수 있도록 돕는 요인이 되었다. 질문은 학생뿐만 아니라 학생을 가르치는 내게도 너무 좋은 피드백이었다. 어플을 통한 질문 통계를 보면 학생들이 자신이 과거에 했던 질문을 다시 하는 경향이 있다는 것도 알게 되었다. 학생이 과거에 답변을 들었던 문항인데도 한참의 시간이 지나 다른 문제집에서 다시 그 문항을 만나면, 학생은 그 문항에 대해 답변 들었던 것을 잊고 그 문항을 다시 질문하기도 한다는 것을 어플의 질문 이력을 통해서도 알 수 있다. 학생들은 자신이 그런 질문을 했다는 사실도 잊고 되레 그런 적이 없다고 우기기도 한다. 누군가를 가르쳐 본 사람은 쉽게 공감할 수 있는 부분인데, 질문한 사람보다 가르쳐 준 사람이 더 기억을 잘한다. 어플을 사용하고 나서 좋은 점 중의 하나가 바로 이 부분이다. 학생이 과거에 질문했던 이력에서 같은 질문을 쉽게 찾아올 수 있다. 그때 학생들의 놀란 표정이 재밌기도 하고 학생들 입장에서 과거 질문했던 기억에다 오늘의 기억이 더해져서 더 잊을 수 없는 질문이 될 것이다. 아마도 이런 경험을 한 학생은 교무실 문지방을 닳게 하는 데 일조했던 과거의 나처럼 그 기억이 머릿속에서 절대 지워지지 않을 것이다.

새로운 무언가를 배우면서 질문을 하는 것은 절대 부끄러운 일은 아니다. 그것을 부끄럽다고 생각하고 입 밖으로 꺼내어 묻지 않을 때 오해가 쌓이게 되고 그것이 반복되면서 새로운 것에 대한 이해는 점점 더 멀어져 간다. 그 때문에 새로운 것을 가르치면서 학생들에게 제일 먼저 강조하는 것이 질문에 대한 두려움을 없애는 일이다. 학생들의 질문을 대하면서 항상 미소를 잃지 않는 것도 그러한 과정 중의 하나이다. 수업 시간에 학생들을 계몽하기도 한다. 남들의 질문을 평가하는 것은 나쁜 행동이며, 질문하지 않는 학습은 반쪽짜리 학습이며, 학생은 당연히 질문할 권리가 있고, 선생님은 그것에 대해 답해줄 의무가 있다는 등등 질문을 하는 것이 얼마나 중요한지에 대해 많은 시간 열변했다. 질문을 잘하는 학생들을 공개적으로 칭찬도 하고, 작은 질문도 크게 화답하고, 다른 학생이 질문한 것 중에 좋은 질문은 다른 학생들과 공유하며 토론하기도 했다. 학생들은 조금씩 변화했고, 그 작은 변화들이 나중에는 큰 태도 변화가 되었다.

오랜 시간이 지나도 깨지지 않는 확고한 이해를 갖는 것은 쉽지 않다. 그것을 이루는 거의 유일한 방법이 바로 질문이다. 그래서 실문 없는 학습은 결코 완전한 것이 될 수 없다. 질문의 과정을 통해 티끌만 한 의심까지 태워 버렸을 때 비로소 그 지식이 나의 것이 된다.

"모든 질문에는 깨달음의 씨앗이 있다."라는 말을 들어본 적이 있다. 공부는 처음부터 완벽한 이해를 바라기보다 씨앗을 심고 수확을 기다리는 심정으로 노력하다 보면 깨달음이라는 큰 수확을 얻게 되는 과정이 아닐까 싶다.

(4)

질문할수록 더 재미있어지는 학습의 비결

그거 유전자 탓이야!

'공부는 특별한 재능이 있어야 하는 걸까?'라는 생각을 할 때가 많
았다. 같은 내용을 가르쳐도 어떤 아이는 쉽게 받아들이고 어떤 아이
는 한참이나 고개를 갸우뚱하고도 모르겠다고 말한다. 1년을 똑같이
가르쳤어도 학생들의 결과물은 모두 다르다. 왜 그런 걸까. 이런 고민
을 동료들에게 털어놓으니 간단히 정리해준다.

"그거 유전자 탓이야!"

쉽게 납득을 하면서도 직업적 회의감을 심하게 불러일으키는 말이다.

'그럼 우리 선생님들의 노력은 학생들의 학습에 미미한 역할인가.'

새로운 학생을 면담하게 되면 나도 모르게 나름의 관상을 보게 된다. 15년 넘게 학생을 가르치다 보니 이러이러한 표정, 말하는 방식을 가지고 있는 학생의 성향은 대체로 이렇다 하는 통계를 갖게 된 것이다. 신기하게도 그것이 맞을 때면, 관상은 과학이구나 하며 성급한 일반화의 오류인 줄 알면서도 스스로 신뢰감을 느끼고 빠지기도 한다. 내가 생각한 대로 성적을 보여주는 학생들을 보게 될 때면, 나의 그 못된 관상 논리로 학생을 예단하고 유전자 논리, 관상 논리를 신뢰성 있는 하나의 증거로 삼은 것이다.

지금도 이러한 논리에 빠져 있는가 하고 내게 묻는다면 1초의 망설임도 없이 "아니오."라고 말할 수 있다. 내 예상을 깨고 월등히 나아지는 학생들을 여러 번 봐왔고 그때마다 내가 느낀 부끄러움과 미안함 때문이다.

이제 좀 알겠어요

　예상을 깬 학생들을 모아놓은 머릿속 폴더에서 가장 기억에 남는 사례를 하나 꺼내 보자면, 그 학생의 이름도 특이해서 절대 잊을 수 없지만 여기선 '강하늘'이라고 하겠다. 강하늘은 이과 학생들 사이에 유독 강한 문과 피가 흐르는 학생이었다. 다른 친구들보다 이해 속도가 느린 것도 문제였지만, 과제를 하는 데 걸리는 시간도 남들의 곱절 이상 걸렸다. 가장 인상적이었던 건 쉬는 시간에도 늘 문제를 풀고 있는 모습과 한 달 전의 과제라도 다 이해하지 못했으면 정작 숙제를 내준 내가 기억을 못하더라도 그 문제를 다시 가져와 질문하던 모습이었다. 아무도 과거의 과제를 끝내지 않았다고 나무라지 않는데도 질문을 하며 끝까지 수행하는 모습을 보고, 남에게 보여주기 위해서가 아닌 자기 자신의 과제가 되어 있음을 느꼈다. 수업 1시간 전부터 시작해서 쉬는 시간 그리고 수업 끝나고까지 질문이 그치지 않는 아이였다. 때로는 내가 귀찮을까 걱정했는지 내게 음료수를 내밀기도 했다. 강하늘은 그해 수능에서 수학 100점을 받았다. 그 반의 30명 가까운 학생들, 강한 이과 피가 흐르는 학생들을 모두 제치고 끝내 1등을 했다. 더 충격적인 것은 의대에 가고 싶어서 수학을 100점 받고도 재수했는데, 다음 해 대학 입시에서도 수능 수학을 100점 받았다. 결국

하늘이의 꿈대로 의대에 진학했다.

강하늘의 경우와 같이, 학생들 중 질문을 통한 실력 향상이 눈에 띄어 더 관심이 가는 학생들이 1년에 1~2명씩은 꼭 있다. 그런 아이들의 실력 향상을 느끼는 건 단지 시험 점수에서만이 아니다. 질문하면서 묻는 포인트와 질문의 수준 그리고 답변을 받아들이는 속도에서도 느껴진다. 과거에는 그저 좀 달라졌구나 하는 느낌이 있었을 뿐이었지만 질문 어플을 사용하면서는 학생의 질문에 얼마나 많은 변화가 일어났는지 객관적인 지표를 통해 알 수 있게 됐다. 나는 하늘이의 질문을 받던 도중에 이렇게 묻곤 했다.

"하늘아, 이제 좀 알겠어?"
"네, 이제 완전히 이해되었어요."

밝게 웃던 하늘이 모습이 기억에 남는다. 처음에는 자기가 무엇을 모르는지도 모르는 아이였다. 이런 아이가 수능 수학을 무려 두 번이나 100점 맞았다고 하는 것은 순전히 질문의 힘이다. 어떻게든 과제를 해내려는 성실한 마음이 질문을 불러왔고 질문을 통해 모르는 것을 알게 되면서 성취감을 얻게 되고 전체적인 이해도가 높아지니 재미까지 얻을 수 있게 된 것이다. 재미있으면 실력은 당연히 좋아진다. 이렇다면 공부를 잘하는 것은 유전자 탓이 아니라 질문 탓이라고 할 수 있지 않을까.

차는 두 번 우릴 때 그 진짜 맛이 나타나고, 질문은 다시 꺼내 볼 때 의미가 더 짙어진다

나는 암기과목이 정말 싫었다. 그래도 상위권을 유지하고 싶은 마음은 있어 운동장 벤치에 앉아 한숨으로 그 스트레스를 조금이나마 해소했었다. 그 모습을 보고 옆에 다가온 선생님이 내 고민을 듣곤 이렇게 말했다.

"주호야, 암기과목이 어려우면 정리하는 재미로 공부를 해보는 건 어때?"

이 한마디는 고등학교 졸업할 때까지 내 학습의 큰 축이 되었다. 나는 정리 노트를 몇 권씩 만들고 〈나만의 정리 노트 1, 2, 3…〉이라고 이름을 붙였다. 그리고 고등학교 내내 보물처럼 간직하며 보았다. 하도 많이 봐서 나중에는 정리했던 내용의 위치까지 기억에 남아 이것이 사진 찍듯이 암기하는 건가 하는 생각까지 들 정도였다.

요즘 학생들을 가르치다 보면 오답 노트를 예쁘게 작성해서 보고 또 보고 하는 학생들을 발견하게 된다. 이러한 학생들을 보면서 과거의 나와 같은 마음이겠구나 생각이 든다. 틀린 문제를 질문하고 답변 내용을 기록하고, 다시 꺼내 보는 것까지가 질문 학습 과정의 완벽한 모습이다. 그래서 나는 〈나만의 정리 노트〉처럼 질문 어플에 학생이 질문했던 문제들을 기록하고 그것을 언제든 다시 볼 수 있는 기능과 형형색색 펜으로 꾸밀 수 있는 기능을 넣었다.

그라데이션 손때

학생들의 문제집 책등의 반대쪽 면을 보면 그라데이션처럼 첫 장쪽은 짙은데 마지막 장으로 갈수록 옅어지는 것을 발견할 수 있다. 거의 모든 과목의 책이 그럴 것이라 확신한다. 왜 그런 것일까? 공부하려는 의지를 가진 대다수의 학생들은 이해가 안 되면 다시 처음으로 돌아가서 처음부터 다시 하려는 경향이 강하다.

그러다 보니 책의 처음 부분만 유독 손때를 많이 타게 된다. 이해가 수반되지 않으면 상당한 거부감이 있다는 방증이다. 그래서 수업을 끝까지 따라가지 못하고 중간에 손을 놓는 학생들이 나타난다. 앞서 언급한 바와 같이, 이해는 질문을 통해 향상될 수 있다. 따라서 학생들이 그때그때 이해할 수 있도록 질문을 통해 돕는 것이 공부를 끝까지 즐겁게 하게 만드는 지름길이다.

날마다 성장하는 질문 어플
하이큐썸 200% 활용법

활용 1. 학생에게 질문하는 것을 숙제로 주어서 습관을 만든다

"집에서 공부하다가 모르는 거 5개 질문하는 게 숙제야."

나는 학생들에게 질문하는 것을 숙제로 내주곤 한다. 처음에는 학생들이 어리둥절해하지만, 질문을 만들기 위해 숙제를 하는 친구들도 생긴다. 숙제하면서 모르는 게 없을 순 없다. 질문이 없다는 건 곧 숙제하지 않았다는 의미이기도 하다. 학생들이 질문하는 문항만 봐도 이 학생이 실제로 문제를 풀고 질문을 했는지 그냥 질문했는지도 알 수 있다. 수준이 비슷한 학생들을 모아둔 반에서는 질문이 많이 겹치는데 그것과 동떨어진 질문을 하는 학생들은 과제를 하지 않고 그냥 질문만 한 것이다. 질문 어플을 사용하면 이렇게 쉽게 숙제를 한 친구인지 아닌지 알아볼 수 있다.

보통 수업은 일주일에 두 번으로 짜진다. 학생은 과제를 하면서 모르는 것을 해결하려면 다음 수업 날까지 기다려야 한다. 그렇게 시간을 지체하다 보면 학생들은 자신의 질문이 무엇이었는지, 묻고자 했던 개념이 무엇이었는지 잊어버리는 경우도 많다. 질문은 생긴 즉시 물어보고 의문점을 해소하는 것이 공부의 성과에도 좋고 장기 기억에도 좋다. 수업 당일까지 질문을 참는 버릇이 생기면 결국 질문을 하지 않고 지나가는 경우가 많아진다. 당연히 학습 효율은 떨어지고, 나중에 그 문제를 다시 만났을 때도 여전히 풀 수 없게 된다. 그런데 많은 학생이 함께 참여하는 수업 분위기상 질문하기가 쉽지는 않다. 학생들 사이에선 남들이 내 질문을 대신해주길 기다리게 되는 이상한 기대심리가 생기기도 한다. 그러다 다른 학생들마저 질문이 없으면 '어? 나만 모르는 건가?' 하는 생각에 더 질문을 못 하게 된다.

이러한 문제를 해결하기 위해 질문하는 것을 숙제로 내주는 것이다. 질문 숙제는 눈치 게임도, 이상한 기대심리도 사라지게 하는 효과가 있다. 질문 어플은 학생들이 주체적으로 질문하는 힘을 기르는 데 가장 좋은 방법이다.

활용 2. 학생들이 많이 질문한 것을 칠판에 다시 풀어주기

학생들이 과제를 하면서 선생님에게 질문하면 그것에 바로 답변을 주는 것이 좋다. 그러면 너무 많은 문제를 선생님이 풀 거로 생각하는데 그렇지 않다. 학생들의 질문은 대부분 겹치고, 질문 어플을 사용하면 저장해 둔 풀이를 언제든 재사용할 수 있으므로 장기적으로는 선생님의 문제 풀이 시간을 아껴주는 장점이 있다. 학생은 선생님에게 개별 지도를 받는 느낌도 있으니 일석이조의 효과가 있다. 학생들에게 과제를 내주고 질문을, 어플을 통해 받아보면 학생 대부분이 공통으로 질문한 문제가 있다. 그런 문제들을 추려서 수업 시간에 한 번 더 풀어주면 학생들의 이해도는 한층 높아진다. 그뿐 아니라 소수가 모르는 문제는 개별로만 풀어주고 수업 시간에는 빼면 되니 한정된 수업 시간을 절약할 수 있다. 질문 어플은 학생들이 질문한 문제와 유사한 문제를 찾아 주는 기능도 있어 많은 학생이 질문한 문제와 유사한 문제를 찾아서 학생들에게 제대로 이해했는지 확인하는 기회를 제공하기도 한다.

활용 3. 간단한 개념 영상을 만들어서 저장 후 활용

나는 수업 시간에 가르쳤던 개념을 3분에서 5분 정도로 짧게 녹화해서 어플에 저장해 둔다. 특정 개념을 몰라서 질문하는 학생이 생기면 어플에서 해당 개념 설명 영상을 찾아 준다. 학생들은 본인 때문에 선생님이 시간을 들여 개념 영상을 녹화한 줄 착각하고 내게 너무 깊은 감사를 보내기도 하는데 구태여 그런 것이 아니라고 얘기해주진 않는다.

학생들이 거꾸로 개념 보강을 요청할 경우는 그 학생을 위해 개념 영상을 녹화하고 저장해 뒀다가 비슷한 학생이 있으면 다시 찾아 활용한다. 선생님이 학생들에게 소홀해지는 건 체력 그리고 시간 때문이다. 아무리 학생을 위하는 마음이 있어도 그것을 실천할 체력과 시간이 없다면 학생들에게 무언가를 해줄 수 없다. 질문 어플을 활용하면 중복된 질문이나 개념 설명을 한 번만 해도 되니 선생님의 체력과 시간을 아껴준다. 남은 체력과 시간은 학생들에게 관심으로 되돌아가기 때문에, 소외되는 학생 없이 더 많은 학생을 챙길 수 있다.

활용 4. 내 수업 영상을 다시 올려서 수업 중 놓친 질문 하게 하기

수업을 하다 보면 어쩔 수 없이 결석한 학생이 있거나, 수업 중에 지독한 잠에 빠져 헤어나지 못하는 학생들을 보곤 한다. 안타깝지만 다수를 위해 수업은 계속되고 그런 학생들은 수업을 온전히 이해하지 못하게 된다. 그래서 질문 어플에 수업 영상을 업로드하고, 다시 듣게 하는 것을 이용할 수 있게 만들었다. 다시 듣다가 모르는 것이 생기면 언제든 질문하기 버튼을 누르고 질문을 할 수 있다. 수업 현장에서 선생님의 설명을 듣다가 질문할 타이밍을 놓친 학생도 수업 영상을 다시 듣기 해서 그 부분에 질문을 요청할 수도 있다.

수업을 듣다가 모르는 부분이 생겼을 때,
해당 부분에서 질문 등록을 누르면
실시간 질문방이 생성됩니다.

활용 5. 선생님의 수업 준비 시간 절약하기

매년 수업 준비를 하다 보면 작년에 수업 준비를 하면서 필기했던 부분을 다시 적는 내 모습을 발견하곤 한다. 질문 어플에는 이전 내 교재에서 필기했던 부분을 다시 찾아 주는 기능이 있다. 따라서 수업 준비를 하면서 이전에 했던 필기를 다시 할 필요가 전혀 없다. 이번 교재에서 새로 본 문제만 수업 준비를 하고 과거 문제는 어플로 찾아서 필기했던 부분을 확인하거나 캡처해서 새 교재에 붙여넣기를 해두면 된다. 나는 실제로 이런 방법으로 수업 준비 시간을 절반 이상 줄였다.

계산이 복잡하거나 난도가 높은 문제는 이전에 풀었던 풀이가 기억나더라도 다시 한번 풀어보게 된다. 중간 계산을 교재에 적어두어야 계산 생략을 적절히 할 수 있고, 내가 기억하는 풀이에 의존하여 문제를 풀다가 착각에 의해 막히는 경우를 대비할 수 있기 때문이다. 하지만 이전 교재 필기를 찾을 수 있다면 그런 과정들은 필요 없다. 그것을 띄워놓고 칠판에 풀이하는 중간마다 참고할 수 있기 때문이다.

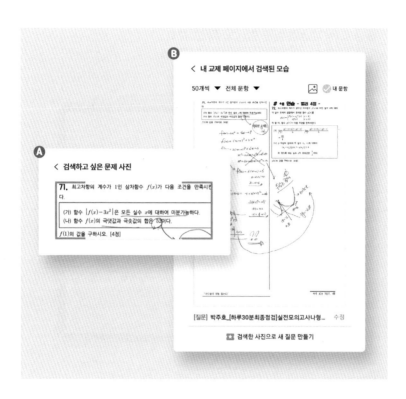

활용 6. 학생들의 질문 향상도 확인하기

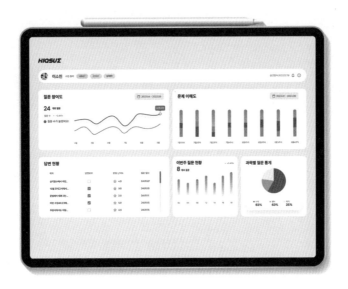

선생님은 학생들에게 시험을 보지 않으면, 학생의 실력이 향상되었는지 판단할 때 느낌에 의지할 수밖에 없다. 학부모님과 상담할 때도 막연한 느낌으로 나의 의견을 전달하기도 한다. 이제는 학부모님에게 질문 어플을 활용해 구체적인 현황을 보여드릴 수 있다. 학생이 쉬운 문제 질문 빈도는 줄고 어려운 문제 위주로 질문하고 있다든지, 과거에 했던 질문을 실제로 보여드리면서 학생의 질문이 얼마나 구체적으로 바뀌고 향상되었는지 설명해 드릴 수 있게 되었다.

혼자 해도 잘하는
하이큐썸 질문 공부의 비법

같은 교실에 있다고 해서 학생 모두의 이해력이 같지는 않다. 선생님은 분명히 똑같이 가르쳤다고 생각하는데 학생들이 성장하는 폭은 제각각이다. 학습은 실력이 향상된 만큼 더 잘하게 된다. 배울 때는 몰랐던 부분도 학년이 바뀌고 나서 이해가 됐던 경험이 있을 것이다. 개념이 자리 잡으면서 이해의 폭이 넓어졌기 때문이다. 성장한 학생은 다음 단계를 더 빠르게 습득하게 된다. 반면 한 번 시기를 놓친 학생은 계속해서 뒤처질 가능성이 있다. 시간이 지나면서 공부를 포기하는 학생이 하나둘 나오기 시작한다.

가르치는 관점에서 볼 때 안타까운 일이다. 학생 간 이해의 차이를 좁혀나가고 싶은 목표가 생기는 이유다. 잘하는 학생은 잘하는 대로 유지하고 더딘 학생은 찾아서 추가로 이해력을 높여주는 과정이 필요하다.

나는 이런 생각을 바탕으로 질문 어플 하이큐썸을 개발했다. 잘하는 학생은 질문을 통해서 더 탄탄하고 완전한 학습을 할 수 있도록 유도하고, 뒤처지는 학생은 일일이 챙기면서 모자라는 부분을 찾아서 보완해 줄 수 있는 쌍방향 어플이다. 하이큐썸은 학생이 수업에 적극적으로 참여하게 만들고 부족한 부분, 해결되지 못한 부분을 완전히 자기 것으로 만드는 데 특화된 기능이 있어서 여러 부분에서 학습에 도움을 준다.

하이큐썸은 뒤늦은 공부를 하는 학생들의 기초 실력을 채우는 데 효과적이다.

재수학원에는 군대를 갔다 와서 뒤늦게 공부를 다시 시작하는 학생들이 있다. 수업 중간중간 그 학생들의 얼굴에 비치는 이해 안 된다는 표정을 볼 때면 나는 수십 명의 학생을 비집고 뛰어가서 "어느 부분이 이해가 안 되니?" 하고 묻고 싶고, 가르쳐 주고 싶은 심정이다.

모두가 똑같은 실력을 지닌 학생들이 아니기에 그 애타는 마음은 수업마다 느끼게 된다. 지금은 그런 순간이 오면 학생들에게 할 말이 있다. "선생님이 오늘 수업 영상을 어플에 올려둘 테니까, 영상을 다시 보다가 이해가 안 가는 부분이 있으면 '질문하기'를 눌러서 물어봐. 그럼, 선생님이 그 부분 이해 가도록 개념 보강 영상을 촬영해서 줄게. 그러니 너무 걱정하지 말고 편하게 수업 들어."

실제로 부족한 기초 실력을 채우기 위해 노력하는 학생들은 내가 시킨 대로 영상을 다시 보고 질문을 한다. 그런 학생들에게는 하이큐썸 어플이 공부를 계속하게 만드는 유일한 끈이기 때문이다.

하이큐썸은 지방에 사는 학생들이 학기 중에도 계속 수업에 적극적으로 참여하는 통로가 된다.

지방에 살거나 기숙사에 사는 등의 이유로 방학 때만 수업을 들으러 오는 학생들이 있다. 방학 때 수업을 잘 듣다가 학기가 시작되면 학원에 오가기가 어려워 수업을 더 이상 듣지 못하게 된다. 이런 상황은 어떤 면에서는 기회의 불균형을 만들기도 한다. 지방에서 서울로 이사하는 것이나 기숙 학교를 나오는 것은 모두 쉽지 않기 때문이다. 그런 학생들은 방학이 끝날 때면 큰 짐가방에 아쉬움도 가득 담아 가는 듯 보였다.

물론 인강이 있지만 인강은 일방적 수업 방식이라 학습에 한계가 있다. 모르는 것을 선생님에게 바로 질문하고 대답을 들으며 하는 적극적인 쌍방향 수업은 어려웠다. 하이큐썸은 이것이 가능하다. 수업에도 편하게 참여할뿐더러 질문도 자유롭게 할 수 있고 대답도 확인하는 기능이 있기 때문이다. 하이큐썸은 기회의 불균형 문제를 해결하는 데 큰 일조를 하고 있다.

하이큐썸은 선생님과의 유대관계를 높이는 수업을 가능하게 한다.

학생들과 유대관계가 잘 형성되면 더 좋은 학습효과를 이끌어낼 수 있다는 것은 굳이 설명하지 않아도 쉽게 납득이 된다. 학생들의 이름을 불러주며 수업하는 것과 학생들의 이름을 불러주지 않고 수업만을 하는 경우를 상상해 보더라도 학생들의 참여도가 어느 쪽이 더 높을지는 쉽게 알 수 있다. 학생들과의 유대관계를 높이는 방법에 무엇이 있을까? 선생님이 학생들과 수업 시간에 사담을 많이 할 수 있는 상황도 아니므로, 유대감을 높이는 방법은 그리 간단하지 않다. 그래서 수업 외 시간에 질문을 받아주면서 또는 고민 상담을 해주면서 학생들과 유대감을 높여 가는 경우가 많다. 하이큐썸은 이 과정을 시간에 구애받지 않고 가능하게 만들어준다.

하이큐썸을 이용하면 학생들을 관찰하는 수업이 된다.

수업을 하다 보면 학생들이 막연히 잘 듣고 있다고 생각할 수가 있다. 학생들이 이해가 안 될 때마다 얼굴을 찌푸리거나 이해되는 정도를 실시간으로 표시해 주는 현황판이 없기 때문이다. 그래서 한 분기가 지나고 학생들의 강의 평가서를 받아보면 깜짝 놀라는 일이 많다. 수많은 학생들이 이해가 안 되는 경우가 많았다고 평가를 하기 때문이다. 그런 평가서들을 몇 번 받아보게 되면, 수업을 어떻게 해야 학생들에게 좋은 수업이 될지 진지하게 고민하게 된다. 학생들을 잘 관찰하는 것이 그 시작 중 하나임이 분명하다고 생각하게 됐고, 그 이후부터는 학생들의 과제 풀이나 시험 결과물들을 꼼꼼히 챙겨보게 됐다. 그러한 관찰이 학생의 수업 이해도를 알 수 있게 해주었고 깜짝 놀랄 만한 평가서를 미연에 방지하게 했다.

그 과정을 보다 체계적이고 효율적으로 할 순 없을까 생각해서 어플에 그 과정을 녹여보았다. 학생들의 과제와 유사하거나 같은 문제를 서술형으로 온라인 시험으로 출제해서 어플로 제출하게 하는 과제 확인 테스트를 시간제한을 두고 보게 했다. 자동으로 채점까지 되어 선생님에게 전달되도록 기능을 만들었다. 이 기능을 통해 학생들의 과제 이해도를 정확하고 빠르게 파악할 수 있게 되었다.

하이큐썸은 수업을 보고 또 보며 공부할 수 있는 환경을 제공한다.

수업을 들으면서 한번 듣고 바로 이해하는 경우도 있지만, 대다수의 경우는 정리하면서 또 보고 다음에 또 들을 때 그제야 '아, 이거였구나.' 하는 경우도 많다. 수업이든 문제 풀이든 여러 번 보아야 이해되는 것들이 있다는 것은 확실하다. 학생들이 수업 시간이 끝나고 남아서 질문을 하다 보면 선생님과 대면하여 질문을 해결한다는 좋은 이점이 있지만 그 당시 이해가 잘되지 않아서 다시 한번 해설을 듣고 싶을 때는 다시 찾아가서 묻는 것 이외에 뾰족한 방법이 없게 된다. 그래서 온라인으로 당일 수업을 올려두거나 문제 풀이를 올려두게 되면 학생들이 여러 번 보고 또 보는 이점을 갖게 된다. 그 과정을 어플로 할 수 있도록 담았더니 실제로 학생들의 이용률이 높아졌다. 그 이용률 상승은 곧 이해도 상승이 됨은 확실하다.

모두에게 눈높이가 맞는 수업을 향한 꿈

모두의 수준을 맞추는 수업이 된다는 건 쉽지 않은 일이다. 그런 수업이 존재하지 않을 것 같다는 생각이 더 맞을 듯하다. 그렇다고 해서 그런 이상에 가까운 수업이 되도록 노력조차 하지 않는 것은 바람직하지 않다. 혹자는 내가 만든 어플을 학생들이 얼마나 쓰겠느냐고 비판부터 한다. 그럴 수도 있지만 나는 모두가 사용하길 바라면서 어플을 만든 것이 아니다. 이상적인 수업을 하기 위해 열정을 쏟는 선생님과 하나라도 더 이해하려고 노력하는 학생들에게 부스터 역할을 해주기를 바라는 마음으로 어플을 만들었다.

3년 넘게 어플을 만들면서 공들인 시간만큼 아쉬움과 후회가 많았지만 나는 단지 한 계단을 놓을 뿐이라고 생각한다. 그 위에 또 한 계단을 놓고 다시 그 위에 한 계단을 놓으면서 한 번도 닿지 못했던 곳으로 향하는 노력을 한다는 것은 의미가 있다. 내가 목표에 도달하지 못하더라도 누군가는 내가 놓은 계단에 한두 개의 계단을 더 쌓음으로써 목표에 더 쉽게 닿을 수 있을 것이다. 그렇다면 나는 그 사람을 위한 초석을 만든 것이기에 역시 의미가 있다.

나는 오늘도 질문 어플 하이큐썸으로 공부에 재미를 느끼고 포기하
지 않고 꿈을 이어가는 학생이 한 명이라도 더 생기기를 바란다.

Chapter 2

신수옥 이야기: 아동창의미술은 코칭이다

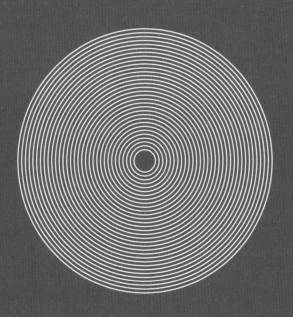

아동미술은 당장 눈에 띄는 변화를 가져오지 않을 수 있다. 하지만 마치 마중물처럼 시간이 지나면서 아이들의 인성, 학습 능력, 그리고 행복한 삶의 질을 끌어올릴 것이다. 지금은 드러나지 않는 아이의 잠재적인 능력과 역량도 끌어올릴 것이다. 쌓인 스트레스도 해소해 줄 것이다. 아무리 신나게 놀아도 전혀 문제가 없었던 우리의 놀이 기억처럼 아무런 부작용도 없을 것이다. 아동미술은 행복한 아이를 만드는 마중물이다.

$$\textcircled{1}$$

아동미술에서 나의 가치를 발견하다

"우와~ 진짜 잘 그렸다. 나 이 사람이랑 결혼할래."

우리 반 남자아이들이 내 책받침을 보며 한결같이 했던 말이다. 초등학교 3학년 때 다른 친구들은 연예인 사진을 코팅해서 책받침으로 사용했다. 그런데 난 언니가 그린 그림을 코팅해서 가지고 다녔다. 길고 곱슬거리는 머리를 늘어뜨린 백설공주 같은 그림이었다. 내가 봐도 남자아이들이 반할 만했다.

나는 4녀 1남 중 딸 중에서는 막내였다. 언니들과 나이 차이가 11살, 9살, 3살이 나고 남동생과는 2살 차이다. 그중 책받침 그림을 그린 주인공은 둘째 언니였다. 순정 만화가를 꿈꾸던 언니는 연필 하나로 정말 생동감 있게 잘 그렸다. 웨이브 스타일의 긴 머리, 왕방울 같은 눈, 도톰한 입술을 하고 예쁜 드레스를 입고 있는 모습은 어린 내 눈에는 더 이상 예쁠 수 없었다. 여신 그 자체였다. 새로운 그림을 가지고 갈 때마다 내 주변으로 친구들이 몰려들었고 그림 하나만 그려달라고 부탁할 정도였다. 언니의 그림은 당대 내로라하는 스타들 김혜수, 최수지, 하희라, 채시라를 제치고 당당히 1등이었다.

그래서였는지 나도 그림을 잘 그려야겠다는 생각이 들었다. 아니 그보다는 언니가 잘 그리니 나도 잘 그릴 수 있다고 생각했고 확신했다. 초등학교에서 그림대회를 하면 항상 최우수상은 아니더라도 빠짐없이 상을 받았다.

그런데 6학년 때 미술 시간에 내 짝이 나보다 그림을 더 잘 그리는 것을 보고 말았다. 그 친구는 남자였음에도 사람들의 디테일한 동작 표현을 너무 자연스럽고 능숙하게 그렸다. 그 아이가 아빠와 등산하는 모습을 그렸는데 등산복에 배낭 그리고 뒤돌아보는 모습과 옆모습, 주변 사람들의 각기 다른 표정까지 생생하게 그렸던 게 아직도 기억난다. 내가 어려워하는 부분들을 너무 쉽게 잘 그려나가는 것이었다.

난 짝에게 물어봤다.

"야, 넌 어떻게 이렇게 그림을 잘 그려?"

"응. 미술학원 다녀."

그 친구보다 더 잘 그리고 싶은 생각이 들었다. 6학년 때 그림대회 상을 그 친구에게 빼앗길 것만 같았기 때문이다. 초등학교 때 미술은 나의 가치를 알려주는 일이었다. 다른 사람에게는 물론 나 자신에게도 그랬다. 미술에서 상을 받는 것은 내 최고의 자랑이었기 때문에 너무나 중요했다.

그림을 잘 그리는 그 친구가 다니는 미술학원이란 곳이 어떤 곳인지 궁금했고 경험해 보고 싶었다. 더구나 남자아이가 그림을 잘 그리는 것이 신기하기도 했다. 그래서 난 엄마한테 미술학원에 보내 달라고 얘기했다. 안 될 걸 알았다. 우리 집은 하고 싶은 것을 다 할 수 있었던 형편이 아니었다. 특히 미술 때문에 학원에 다닌다는 것은 더 그랬다.

엄마는 차라리 주산학원에 다니라며 주산학원에 보내셨다. 내가 어린 시절에는 아동 미술학원이 많지 않았다. 대신 주산학원은 엄청나게 많았다. 반 친구들 중 거의 반 이상이 주산학원에서 다시 만날 정

도였다. 초등학교 때 미술학원에 결국 다닐 수는 없었지만 아동 미술
학원이라는 존재를 처음 알게 된 때였다.

중학생이 되고 고등학생이 되면서 그림을 잘 그리는 친구들은 너무
나도 많다는 걸 알았다. 학원에 다녀서 잘 그리는 친구도 있었고 다니
지 않아도 잘 그리는 친구들도 있었다. 더 이상 나는 그림을 잘 그
리는 아이가 아니었다. 난다긴다하는 친구들을 보며 나는 생각이 깊
어졌다. 이 친구들을 보니 그림을 잘 그린다고 생각했던 나 자신이 한
없이 작아졌다. 요즘 말로 현타가 왔다. 그렇지만 열정은 언제나 최고
로 뜨겁고 성장을 즐기는 나에게 이런 현타쯤은 충분히 극복할 수 있
었다.

학교에는 동아리가 있었다. 나는 그리는 것이나 만드는 것을 너무
좋아했기 때문에 무조건 미술반을 하겠다고 이미 마음속으로 정했
다. 계획된 것처럼 미술반 동아리에 들어갔다.
미술반 선생님께서 유화를 알려주셨는데 처음 보는 재료부터 너무
신기했다. 물감이나 다른 채색 재료는 색칠하다가 잘못하면 수정하기
가 힘들지만 유화는 그렇지 않았다. 마르려면 일주일 이상이 걸리기
때문에 잘못된 부분을 긁어내어 칠하면 몇 번이고 수정이 가능했다.

그런 점에서 유화의 묘한 매력을 느낄 수 있었다. 더군다나 선생님께서 재미있게 수업을 해주셨다. 평소 학교 수업처럼 딱딱한 분위기가 아니었다. 그리고 무섭거나 덜 무서운 선생님의 모습도 아니었다.

나는 무조건 선생님들은 무서운 선생님, 아니면 조금 덜 무서운 선생님으로 구분하고 있었다. 그래서 무섭다고 생각한 선생님들을 무척 어려워했다. 모르면 모른다고 얘기하지 못했고 알아도 자신 있게 말하지 못했다. 그런데 미술반 선생님은 전혀 그렇지 않았다.

동아리 시간마다 재미있게 수업을 해주시는 선생님께 감사한 마음이 절로 들었다. 일주일 내내 미술반 수업이 빨리 돌아오길 기다렸다. 그때부터 가끔씩 선생님이 호감 가는 존재이고 나도 그런 선생님이 되면 좋겠다는 생각을 했다. 내가 만약 선생님이 된다면 재미있고 무섭지 않은 좋은 미술 선생님이 되고 싶었다. 그렇게 아주 작은 존경심으로 미술 선생님이라는 꿈을 꾸기 시작했고 정말 지금 미술 선생님이 되었다. 그것도 초등학교 때 동경했던 아동미술이 나의 전문 분야이다. 동아리 미술반 선생님은 내 인생의 이정표가 되었다.

내가 가르치는 아이들이 즐겁게 미술을 하고 신나게 인사를 하며 가는 모습을 보면 나도 모르게 나를 칭찬해 주고 싶어진다. 아이들이

까르르까르르 웃는 소리 역시 나를 즐겁게 만들어 준다. 그러면서 내가 나다워짐을 느낀다. 어린 시절의 미술은 나의 존재가치였고 자존감을 지킬 수 있었던 거의 유일한 도구였다. 좋은 미술 선생님을 만나 꿈을 가지게 되었고 22년째 미술 선생님으로 살고 있다. 지금 내가 품고 있는 또 하나의 꿈은 한없이 사랑스러운 아이들이 미술을 통해, 또 나를 통해 그들의 가치를 발견하고 자존감을 찾고 꿈을 키우며 행복하게 살아가는 것이다.

무엇을 가르치느냐보다
어떤 스승이냐가 중요하다

"아가, 더 나은 스승일 순 없었니? 더 빛나는 스승일 수 없었어?"

tvN 드라마 〈도깨비〉 은탁이 졸업식에서 삼신할머니가 담임 선생님에게 일침을 날리는 대사이다. 이 장면을 보는데 몇 년 전 우리 학원에 다니던 초등학교 1학년 아이가 생각나 울컥하고 말았다. 이 친구가 여섯 살 때 우리는 처음 만났다. 아이는 그림 그리는 것은 좋아하지만 미술학원 다니는 것을 좋아하지는 않았다. 어머니 말로는 아이가 소심하고 또래보다 작아서 유치원에서 스트레스를 받는다고 했다. 그래서 미술을 하면서 스트레스도 해소하고 좋아하는 그림을 그릴 수 있었으면 좋겠다고 했다.

이 친구와 수업을 해보니 약간 소심함이 보였다. 그리고 여섯 살인데 주위 사람들 눈치를 보느라 자기 이야기를 제대로 하지 못했다. '이렇게 해도 될까? 안 될까?' 하며 망설이는 마음을 표정으로 알 수 있었다. 그래서 이 친구에게는 선생님에게 어렵지 않게 어떤 이야기든 할 수 있다는 것을 알려주려고 계속 말을 걸며 친구의 대답에 공감하고 지지해 주었다.

한 달도 되지 않아 미술학원을 너무 좋아하게 되었고, 유치원은 안 가더라도 미술학원은 결석하는 일이 거의 없었다. 미술 실력도 또래 친구들과 실력 차가 확연히 느껴질 만큼 좋았다. 일곱 살이 되면서 점점 미술 실력도 향상되고 유치원에서도 친구들과 더 재미있게 지낸다며 어머니는 좋아했다. 처음에는 유치원 생활이 걱정되었지만 이제 초등학교 생활도 걱정 없겠다며 정말 감사하다고 했다.

그런데 이 친구가 다음 해 3월이 되어 초등학교에 입학하고는 눈에 띄게 힘들어 보이고 말수도 적어졌다. 미술 수업 중 나에게 자주 이런 말을 했다.

"내일 학교 가기 싫어요. 아침에 학원으로 오면 안 돼요?"

"학교 안 다니고 미술학원만 다닐 수는 없어요?"

여러 날 동안 계속 학교에 대해 부정적인 감정이 느껴지는 이야기를 했다. 속상한 일이 있어도 이렇게 표현하는 친구가 아니었다. 유치원 때도 몇 번을 물어야 속상한 이야기를 했던 친구라서 더욱 마음이 쓰였다. 어머니께 전화를 했다. 어머니는 안 그래도 어떻게 해야 할지 상담하고 싶었다며 아이 이야기를 시작했다. 학교 담임 선생님의 성격이 급한듯하다고 했다. 항상 무언가를 하면 시간이 없다고 그만하라고 하고 '빨리빨리'가 그 선생님의 마지막 단어라고 했다.

그림을 몇 분까지 그리라고 하고는 그 시간을 정확하게 지키지 못하면 너무나 차갑게 말한다고 했다. 아주 조금만 더 칠하면 된다고 했더니 그 얘길 듣고는 "빨리빨리 했어야지. 그러니깐! 이렇게 많이 그리지 말라고 했잖아."라면서 칠하고 있는 그림을 휙 뺏어서 북북 찢고는 휴지통에 버렸다고 한다. 그 이야기를 듣고 어머니는 아이에게 그림을 간단하게 그려서 대충 색칠하라고 했고 시간을 지키는 게 더 중요하다고 할 수밖에 없었고 아이는 그리다 보면 그게 잘 안된다고 울먹였다고 했다.

이 친구의 마음이 너무 크게 다가왔다. 그때 마음이 어땠을지. 처음에 아이 말을 들었을 때 어머니는 시간을 지키지 못한 건 아이가 잘못한 것이라고 생각했고 초등학교라서 엄한가보다 싶어 학부모 상담을 할 때 이야기해 보려고 한다고 했다.

담임 선생님은 아이가 그린 그림을 반 친구들이 보는 앞에서 찢어 쓰레기통에 버렸다. 이것은 아무리 설명해도 이해할 수 없는 상황인 것은 분명하다. 그 방법밖에는 없었을까? 아직도 반은 유치원생인데 말이다. 특히 학교생활이 처음인 1학년 아이들에게 선생님의 올바른 품행은 인격 형성에 굉장히 큰 영향을 끼치기 마련이다. 시간을 지키지 못했다고 아이의 작품을 그 자리에서 찢는 행동을 보고 아이들은 '시간을 지켜야겠구나.' 보다는 '못하면 혼나는구나!'라고 배웠을 것이다.

어머님께서는 선생님과 타협점을 찾지 못한 듯했다. 빨리 1학년이 지나길 바랄 뿐이라고 했다. 가끔은 나를 돌아보고 반성하며 주위의 조언을 받아들여야 할 때를 아는 것도 참 중요하다. 지금 중3이 된 이 친구에게 그 담임 선생님은 어떤 스승님으로 기억될까?

"무엇을 가르치느냐보다 어떤 스승이냐가 더 중요하다."

— 칼 메닝거

딸아이가 3학년 때 있었던 일이다. 매년 4월에는 과학의 날을 맞아 교내에서 과학 그리기 대회가 열린다. 미술학원에서는 미리 과학 상상화 그리기를 연습해 볼 수 있는 시간을 갖는다. 딸은 빨래 개기를 힘들어하는 엄마를 생각하며 상상 속 자동 빨래 개기를 그렸다. 그리는 동안 아이들이 딸의 그림을 보고 잘 그렸다고 얘기했다. 선생님은 아이들의 추천을 많이 받은 그림을 뽑는다고 했다. 많은 추천을 받은 딸은 자신의 그림이 뽑힐 거라고 기대했다. 그런데 뽑히지 못했다.

"과학 상상화는 우주나 별이 있어야 하는데, 우주정거장도 좋고…, 그런데 자동 빨래 개기는 아닌 것 같아." 이게 탈락의 이유였다.

나는 이 이야기를 듣고 잠시 생각했다. 과학 그리고 상상이란 단어는 엄청난 큰 의미를 지니고 있다. 그런데도 우주나 별이 있어야 과학 상상화라고 알려주는 선생님 때문에 아이들의 생각이 여기서 더 나아가지 않고 멈추게 되는 건 아닌지 한숨이 나왔다.

"선생님은 수업에서 가장 많은 것을 얻는 사람이고, 진정한 선생님은 배우는 사람이다."

– 엘버트 허버드

체벌이 있었던 나의 중3 시절 이야기를 하려고 한다. 공부를 잘하는 친구가 있었다. 그런데 그 친구는 공부는 잘하지만 말 한마디로 아이들끼리 사이가 멀어지게 하는 재주가 있었다. 선생님께서는 아이들의 이야기를 들어보시고 그 친구를 부르셨다. 교탁 앞에서 그 친구에게 아이들이 한 말을 다시 물으시고 그 친구가 그렇다고 인정한 순간 단호하게 말씀하셨다.

"엎드려! 공부도 좋지만, 인성이 먼저야! 알겠어?"

10대 정도를 때렸다. 반 친구들은 조용히 지켜보고 있었다. 나는 그때 선생님의 말씀이 계속 잊히지 않았다. 조금 얄미웠던 차에 선생님께서 해결해 주신 기분이랄까? 그 선생님은 성인이 된 지금까지 공부보다는 인성이 중요하다고 알려주신 분으로 기억한다. 나도 아이들을 가르치는 일을 한다면 그 선생님처럼 아이들을 대하겠다고 생각했다. 선생님은 엄했지만, 아이들의 마음을 잘 공감해 주셨다. 선생님을 믿고 존경하는 마음이 다들 있었던 건지 우리 반은 시험 때마다 1등을 했고 합창대회까지 1등을 했다. 다른 반 선생님들께서 너희는 합창대회까지 1등을 했냐며 담임 선생님이 부럽다고 하셨다.

"교사는 영원한 영향력을 가진 사람이다. 그의 영향력이 어디에서 중지될지 결코 우리는 말할 수 없다."

– 헨리 아담스

내가 '좋은 선생님일까? 나쁜 선생님일까?'라는 고민 중이라면 좋은 선생님이 될 준비를 이미 하고 있다는 것이다. 내가 아이들에게 진심으로 대할 때 아이들의 진심도 같이 따라온다. 선생님이 자기 생각만 일방적으로 전달한다면 아이들의 마음을 얻지 못할 수 있다. 아이들의 생각과 감정을 고려하며 아이들과 소통하는 과정에서 아이들은 선생님을 신뢰하기 시작한다. 이러한 소통을 통해 아이들의 자존감 또한 높여주는 선생님이 되어 있을 것이라고 확신한다.

완벽한 사람이 없듯이 완벽한 선생님도 없다. 아이들을 위해 항상 노력하는 모습으로 자기 계발에도 힘써야 하며 아이들의 마음을 다시 한번 생각해 보는 것, 아이들을 이해하는 것, 아이들이 보고 배울 인성을 갖추는 것, 이런 것들이 모여 더 멋진 선생님의 품위를 갖추게 되는 것이다.

（３）

아이의 상상을
창의력으로 이끌어주는 아동미술

"상상력은 지식보다 중요하다. 지식은 제한되어 있지만, 상상력은 전 세계를 감싼다."

– 알베르트 아인슈타인

퇴근 후 한 어머님의 문자가 왔다.

"원장님, 어제저녁에 ○○가 그린 그림입니다. 처음에 무슨 그림인지 몰랐는데 설명해 주더라고요. 저 진짜 눈물 났어요. 넓은 도화지에 꽉 채운 그림이어야 잘 그린 그림이라고 생각했는데 그게 아니라는 걸 알았어요. 원장님, 감사합니다. 그동안 제가 아이의 마음을 잘 몰랐나 봅니다."

함께 보내주신 사진에는 파란 바탕에 연두색, 초록색으로 칠한 콩알만 한 크기의 동그란 모양 여러 개가 그림 위쪽에 군데군데 있었다. 그리고 검은색 작은 점 두 개, 그 뒤에 조금 더 큰 검은 점 두 개 그리고 더 큰 검은 점 두 개가 나란히 줄지어 있는 그림이었다.

아이가 저녁을 먹고 그리고 싶은 것이 있다며 방에 들어가 한참 동안 무언가를 끄적이더니 다 그렸다며 엄마에게 보여준 그림이라고 한다.

"엄마! 이거 봐!"

"와! 잘 그렸네. 그런데 하늘만 그리지 말고 사람도 그리고, 나무도 그리고, 자동차도 그리면 그림이 더 멋질 거 같아."

"하늘이 아니고 물인데…."

"아~ 그래? 그럼 배도 그리고, 물고기도 그리고, 파도도 그리면 더 좋겠지?"

"엄마, 이건 물 속이야. 물 위에 떠 있는 오리 가족을 물속에서 내가 보고 있는 걸 그린 건데."

"아하~ 그렇구나…."

어머님은 기존에 다녔던 미술학원에서는 아이가 이렇게 그려본 적이 한 번도 없었다고 한다. 그림에 대해서 먼저 물어보면 "선생님이 그리라고 했어." 아니면 "빈 곳 없이 색칠하라고 해서 했는데 힘들었어."라고만 할 뿐이었다고 한다. 어머님이 생각해 보니 아이가 스스로 그린 그림을 먼저 설명을 한 적이 없었고, 어머님이 보기에 잘 그려진 그림을 보고 만족스러워서 아이에게 무슨 그림을 그렸는지 물어본 것이 전부라고 한다. 그런데 이번 그림은 도화지에 꽉 찬 구도와 꼼꼼한 채색이 나무랄 데가 없었던 이전의 그림과는 전혀 달랐다. 오히려 자랑하기엔 너무 대충 그린 게 아닌가 하는 생각이 들었다고 했다. 그래서 아이에게 부족한 부분을 좀 더 그리면 좋겠다고 했는데 생각지도 못한 아이의 그림 설명에 어머님께서는 놀라신 것이다.

어머님은 순간 많은 생각이 들었고 아이의 그림을 본인 마음에 드는 그림으로 바꾸려고 한 행동 같아 너무 미안하다고 말했다. 내 아이가 어떤 느낌과 생각으로 그림을 그렸을지 생각하지 않고 남들에게 잘 보일 수 있는 그림이 더 중요했던 것을 깨달았다.

주입식 미술교육으로 아이들의 작품을 바라보면 그럴 수밖에 없다. 아직도 상담할 때 보면 대부분 어머님들은 여백을 조화로운 그림의 일부로 생각하지 않는다. 그저 완성하지 못해 남겨둔 것으로 생각한다. 무엇이든 그려 꽉 채워져 있고 꼼꼼하게 채색되어 있어야 완벽한 그림, 상 받을 수 있는 그림이라고 생각하는 것이다. 그리고 우리가 이미 알고 있는 무언가와 닮거나 똑같아야 잘 그린 그림이라고 여긴다. 엄마들은 초등학교에서도 빈틈없이 칠해야 칭찬을 받을 수 있다고 색을 꼼꼼하게 칠할 수 있게 지도해달라고 부탁한다. 그분들에게는 아이가 어떤 감성으로 그렸는지보다 학교 선생님의 칭찬이 더 중요하기 때문이다.

잘 그리는 그림보다 더 중요한 것이 있다. 아이들이 마음껏 생각하고 자유롭게 표현할 수 있는 상상력에 날개를 달아주는 것이다. 이런 자유로운 표현의 작품들을 볼 때 평가의 눈이 아닌 마음의 눈으로 보아야 아이들의 그림을 이해하고 감상할 수 있다. 자유롭게 표현하는 과정은 아이들에게 상호작용 및 공감 능력을 더 뛰어나게 하고 더 높은 수준의 자기 조절, 즉 감정과 행동을 관리하는 능력도 탁월하게 높여준다.

아동미술의 대상은 대학생도 어른도 아닌 아이들이다. 아이들에게 테크닉 위주로만 수업을 진행하고 아이들의 작품을 '잘 그렸다, 못 그렸다.'로 판단한다면 아이들의 상상력은 날개를 잃게 될 것이다. 그래서 아동미술 선생님의 역할이 중요하다.

아이들의 상상력은 무한하기 때문에 그것을 끊임없는 창의력과 사고의 전환으로 이끌어 줄 능력 있는 선생님이어야 한다. 아이 스스로 발견하고 해결할 수 있도록 도움과 동시에 자유를 주고 지지해 주면서 믿고 지켜보는 것은 굉장히 중요한 선생님의 능력이다.

영국의 세계적인 동화 작가 앤서니 브라운의 유명한 한마디가 있다. "아이들에게 가장 중요한 것은 창의성이다. 모든 아이는 잠재적으로 창의적이기 때문에 그 길을 열어주는 교육이 중요하다."

무시무시한 상어가 바닷속을 헤엄쳐 다니고 주변의 작은 물고기들은 벌벌 떨고 있다. 작은 물고기들을 어떻게 구해줄까?

한 아이가 애써 그린 작은 물고기들을 검은색으로 모두 덮으며 이렇게 말했다.

"선생님, 작은 물고기들을 검은 천으로 가려주면 상어가 못 보고 지나갈 거예요! 그러면 작은 물고기들은 살 수 있어요."

작품에 대한 꼬마 작가님들의 스토리도 그 순간만큼은 완벽하다. 이런 아이들의 작품을 볼 때면 너무나 흥미로워 몰입이 될 수밖에 없다. 어떤 주제를 던져 주더라도 아이들의 상상력은 나를 항상 깜짝깜짝 놀라게 한다. 아이들의 완성된 작품을 보고 상상력의 설명을 듣는 동안은 어느 전시회를 갈 때보다도 궁금하고 기대되는 시간이다.

　어른들은 잘 듣지 못하고 잘 느끼지 못하는 상상력이라는 세계는 아이들에게 분명 존재한다. 어른들의 생각을 벗어난다고 틀린 것이 아니다. 오히려 사라져 버린 상상력을 아이들에게서 배우고 있는 게 아닐까. 아이들은 어른의 상상력 선생님이다.

④

아동미술은 잠재적 능력을 발휘한다

"그림은 가르치는 것도 배우는 것도 아니다.

잘 그린 그림을 바라지 않는다.

미술교육은 예술적 재능을 찾기 위한 과정이 아니다.

미술교육은 예술가를 키우는 과정이 아니라 아름다움을 느끼는 감수성과 표현력을 키우는 방법이다."

10년쯤 전에 EBS에서 방영한 〈세계의 교육 현장〉이라는 프로그램 중 '창의력을 키우는 프랑스 미술 교육' 서두에 나온 말이다. 예술의 나라라고 일컫는 프랑스의 미술교육이 우리와 많이 다름을 느끼게 해준다.

이것 말고도 미술교육이 필요한 이유는 또 있다. 미술은 표현이 서툰 아이들에게 자신의 감정과 생각을 창의적이고 가장 편하고 즐거운 방법으로 배출시킬 수 있게 하는 행위이다. 우리 학원에 왔던 아이 중에도 이런 경우가 있었다.

요즘 아이들은 사춘기가 빨리 온다. 예전에는 사춘기 하면 중 · 고등학교 때나 오는 것으로 알았지만 지금은 아동미술 수업임에도 사춘기 때문에 수업이 어려운 친구들이 더러 있다.

초등학교 4학년 여자아이가 있었다. 어느 날 그 아이 어머님이 아이가 갑자기 사춘기 때문에 학교생활을 힘들게 하고 있다며 상담 요청을 했다. 걱정이 된 어머니는 담임 선생님을 만나 알아보니 아이의 그림이 너무 유아스러운 것이 문제의 시작이었다고 한다. 그림을 본 친구들이 못 그렸다고 했고 이 아이가 친구들에게 화를 낸 것이었다. 어머니는 아이가 그림을 좀 잘 그리게 해달라고 했다. 그림을 잘 그리면 해결된다고 생각한 것이다. 그림을 잘 그리게 되면 집에서 말도 전혀 안 하고 신경질만 내고 잠을 많이 자는 고민 대부분이 해결되지 않을까 기대한 것이다.

미술학원에서는 어떤지 궁금해하기보다는 학교에서의 평가에 더 관심을 보였다. 사춘기라고 하면서도 아이의 현재 감정이나 상태를 생각하지 않았다. 물론 학원에서도 말이 줄었고 굉장히 예민한 모습이었다. 담당 선생님이 말을 걸어도 대답을 하지 않았고 학원에 오자마자 힘들다고 5분 정도는 엎드려 있다가 그림을 그리곤 했다. 이쯤 되면 학원도 귀찮아서 오지 않거나 관둘 법한데 빠지지 않고 왔다. 수업을 하지 않으려고 했다면 선생님도 고민이 더 컸겠지만 그래도 5분쯤 후에는 일어나서 열심히 그렸다. 눈에 띄게 달라진 점은 아이의 그림이었다. 그림이 기존에 그렸던 그림이 아닌 본인이 생각한 캐릭터를 주제로 한 그림을 많이 그렸다. 한 달쯤 이런 상황이 지난 후에 아이는 조금씩 이야기하기 시작했다.

"선생님, 반에서 친구들이 제가 그린 그림이 이상하다고 해요. 쉬는 시간에 그리고 있는데 친구들이 보고서 못 그린다고 놀려요. 그래서 화가 나서 더 그리기 싫더라고요. 제 그림이 못 그린 그림인가 봐요. 전 이렇게 그리고 싶은데…."

친구들이 한 말 때문에 마음이 상한 것이었다. 반 친구들은 눈에 익숙하고 인기 많은 이미지가 아닌 생소한 캐릭터이니 이상하다고 생각했을 것 같았다. 학원에서는 아이의 그림이 기존의 그림이랑 달랐지만, 아이 스스로 생각하고 그리고 싶은 것들을 그리고 있으니 그것으로 충분했다. 힘들었을 그 시간을 미술학원에 오면 5분 동안 쉬면서 마음을 진정시키고 그림을 그리는 것에 집중했다. 선생님이 5분간 쉬고 수업을 하자고 이야기한 것도 아닌데 그 아이는 스스로 감정을 잘 달래고 있었던 것이다.

지금 현재 이 아이는 고3 수험생이다. 열심히 공부도 하면서 그때 그렸던 캐릭터들을 아직도 간간이 더 열심히 그리고 스티커로 제작도 했다며 선물로 종종 주기도 한다.

아이들은 자기의 생각이나 감정을 어른들처럼 유창한 말로 표현하기 힘들다. 그렇기에 아이들의 마음을 정확히 알아채기가 어렵고 아이들은 불편한 감정을 제대로 해소할 기회를 갖지 못하는 경우가 많다.

이 아이에게 미술은 사춘기를 잘 지낼 수 있게 한 자기감정의 배출구 역할을 충분히 했던 것 같다.

미술은 아이들에게 잠재적으로 계획 능력, 실행 능력, 문제 해결 능력을 키워줌으로써 성취감을 높여준다. 그림을 그리거나 무언가 만들 때 시작하는 단계에서 제일 먼저 해야 하는 것은 계획이다. 무엇을 어떻게 그릴 것인지 계획하지 않으면 작품을 시작할 수 없게 된다. 출발선에서 언제 어디로 달릴지 모르고 기다리기만 하는 달리기 선수와 같다.

계획을 잘했다고 하더라도 그리는 과정에서 시행착오를 경험하게 된다. 어떤 색으로 그릴 것인지 어떻게 채색을 할 것인지 진하게 할지 흐리게 할지 등 완성될 때까지 많은 문제에 직면하게 된다. 그때 바로 해결력을 발휘해야 한다. 그러려면 미리 일어날 상황을 대비해서 충분히 고민해야 한다. 그런 후 책임지고 완성하기까지 인내와 끈기가 필요하다. 이런 모든 과정을 거쳐야만 비로소 완성되며 성취감을 느낄 수 있다. 누가 가르쳐 주지 않아도 그 과정을 통해 여러 역량을 스스로 배우는 것이다. 아이들에게 꼭 필요한 이런 능력을 키우기에 미술보다 더 좋은 것이 있을까?

1년 전쯤 주변에 다른 미술학원이 생겼다. 나도 긴장하지 않을 수 없었다. 삐까번쩍한 인테리어는 보기도 좋고 들어가 보고 싶기도 했다. 그러니 어머님들과 아이들은 어떨까?

그곳에 다니는 아이랑 어머님께서 상담을 오셨는데 아이는 상담 내내 우리 원에 그려진 작품을 보고는 1학년이 그린 그림이 어떤 건지 물었고 그 그림을 보더니

"이게 뭐야! 너무 못 그렸잖아."

하면서 주변을 돌아다니기 시작했다. 어머님은 아이가 그림을 잘

그리는 편이라서 자신감이 넘친다며 폰에 저장해 놓은 작품을 보여주었다. 누가 봐도 '반반 그림'이다. 선생님 반, 아이 반 그림. 너무나 깨끗하게 채색된 그림이 영락없는 어른들의 터치가 들어간 그림이었다.

"와~ 진짜 귀엽고 개구쟁이 같은 토끼를 그렸네. 이 그림을 그리게 된 이유가 궁금한데 말해줄 수 있어?"
분명히 그 그림을 그리게 된 동기가 있을 것이기 때문에 물어보았다.

"네! 그리고 싶은 걸 찾아보라고 해서 이 그림이 마음에 들어서 인터넷에서 찾아서 화면 보고 그린 거예요."
역시 아이들은 거짓말을 하지 않는다.
어머니는 바로 "야, 너 이거 보고 그린 거야? 그때는 엄마한테 그렇게 얘기 안 했잖아."라고 했다.

아이는 너무나도 자신감 있게 이야기했고 어머님은 조금 무안해하셨다. 동기는 그리고 싶은 거였고 다른 사람이 잘 그린 완성작을 보고 똑같이 그린 작품이었다. 어머님께서는 몇 작품을 더 보여주셨다. 아주 잘 그렸다. 모든 그림은 어떤 이가 잘 그린 작품을 보고 그냥 잘 따라 그린 것이었다. 색을 바꾸지도, 모양을 조금도 변형시키지 않은 똑

같은 작품. 그렇게 그리기도 쉽지 않았을 텐데 말이다. 그림을 그리는 동안 아이는 과연 몇 번의 문제 해결을 하려고 했을까?

해답은 잘 그린 그림에 있으니 할 필요가 없었을 것이다.

○○이는 5세 때부터 매주 토요일에 나와 미술 수업을 했다. 7세가 되고부터 수업 후 피드백을 드릴 때 어머님은 가끔 이렇게 말씀하셨다.

"원장님, ○○이가 그림이 늘지 않는 거 같은데 괜찮은가요? 아이 아빠가 이제 그림을 잘 그려야 하지 않느냐고 해서요. ○○이는 너무 좋아하는데 아빠가 한번 물어보라고 해서요. 그림은 언제부터 잘 그릴 수 있을까요?"

그 아이가 1학년이 되었다. 즐겁게 수업을 마치고 피드백을 드리는데 눈이 마주친 ○○ 어머님께서 활짝 웃으시며 평소보다 더 기분이 좋으신 얼굴로 이러셨다.

"원장님, 원장님께서 하셨던 말씀을 이제 알겠어요. 학교에서 담임 선생님께서 미술 시간에 '그리고 싶은 것을 그리고 발표를 해보는 시간을 갖자고 했는데 얌전한 ○○가 제일 먼저 손을 들더니 그림을 그리게 된 이유와 그린 그림을 자세히 친구들에게 설명까지 완벽하게 잘했다고 너무 놀랐다'며 전화를 주셨어요. ○○이가 집에 와서 이야기하길 미술학원에서 하던 거라고 하더라고요. 잘 그린 그림을 위한 수업이 아니라는 말씀이 생각났어요. 소심한 우리 ○○이가 먼저 손을 들고 발표를 했다니, 미술 수업 덕분인 것 같다는 생각이 들었어요. 감사합니다."

모든 미술 활동은 아이들에게 해로울 것이 없다. 하지만 아이가 어떤 잠재력을 가진 모습으로 발현되느냐가 중요한데 그것은 바로 그 과정에 있다. 이런 과정에서 모든 능력이 자라기 때문에 나는 아이의 그림을 평가하지 않는다. 아이들의 그림은 정답이 없기에 평가해서는 안 된다. 얼마나 잘 그리는지는 전혀 중요하지 않다. 진정한 아동 미술 교육은 아름다움을 느끼는 감수성과 표현력을 키우는 것이기 때문이다.

(5)

아동미술은 티칭이 아니라 코칭이다

"이쪽이 더 어둡지? 이 색깔이 더 잘 어울려. 여긴 더 동글해. 물을 더 적게 써야지."

처음 아동미술을 시작했을 때, 나는 잘 가르친다는 것은 학생에게 친절하게 대하고 꼼꼼하게 체크하며 지도하는 것으로 생각했다. 그래서 잘 완성될 수 있도록 옆에서 끊임없이 이야기를 했다. 완성된 작품에 혹은 실수가 있었을지 다시 확인도 했다. 그러고는 작품집에 자랑스럽게 스크랩하여 가정으로 보냈다. 거의 대부분 부모님들께서 만족하셨다. 매일매일 수업 시간은 밝고 어두운 부분을 처리해 주는 것에 초점이 맞춰져 있었다. 명암 처리만 잘해도 그림의 퀄리티가 확

달라지니까 말이다.

"봐봐. 이쪽이 더 어둡지? 이렇게 칠해야지."

내가 생각한 대로 안 되어 있으면 붓을 가지고 아이 그림에 시험 문제 채점하듯 열심히 체크하며 수정했다. 정작 아이들은 수정되는 그림을 집중해서 보고 있지도 않은데 나만 완성도 있는 작품을 위해 애쓰고 있었다. 아이가 할 수 있겠다 싶은 만큼 남으면 그때 시킨다.

"자, 이제 남은 부분을 선생님이 한 것처럼 그대로 해봐."

"네!"

그런데 다 칠하고 나서는 항상 거의 모두 같은 질문을 했다.

"선생님, 다했어요. 그다음에는요?"

"선생님, 저도 다했어요. 다음에는 어떤 색으로 칠해요?"

"응, 잠깐만 기다려 ○○이 봐 주고 갈게."

이런 대화는 수업 시간에 항상 주고받는 질문과 대답이 되어버렸다.

다음엔 뭘 해야 하느냐는 질문을 내가 가르치는 아이들에게 가장 많이 듣고 있었다. 아이들은 "다했어요."를 경쟁하듯 여기저기서 이야기했고 자기가 먼저 했다고 순위 싸움도 가끔 했다. 그러면 또 난

중재를 해야 했고 기억을 더듬어 누가 먼저 다했는지 정확하게 가려내야 했다. 미술 시간이 중구난방이 되는 순간이다.

이런 순간들 때문에 계속되는 고민이 있었다. 아이들이 선생님들 도움 없이는 다음 단계로 넘어가지 못하고 있다는 문제가 발견된 것이다. 매번 "다음에 뭐해요?" 이거 하라고 알려주면 또 "그다음에 뭐해요?"로 이어진다. 아이들은 왜 다른 질문을 하지 않을까? 이렇게 가르치는 수업 방식에 고민이 생겼다.

그 시간만큼은 아이가 주도적으로 수업을 이끌어가야 하는데 나의 방법이 독이 된 걸까? 친절하게 잘 알려주고 어려운 부분이 있으면 다시 한번 잘 체크하고 반복해서 알려주곤 했는데 과연 무엇이 잘못된 것일까. 깊이 생각하게 되었다.

차분히 돌아보니 내가 꿈꿨던 아이들의 모습에서 너무나 멀어진 모습이었다. 좀 더 구체적이고 체계적인 시스템이 필요했다. 가치의 기준과 목표도 새로 필요했다. 이때쯤 이런 나의 고민을 해결해 준 것이 지금 하는 프랜차이즈였다. 아이들에게 더 좋은 미술교육을 해주고 싶은 마음과 자신감이 생겼다.

아동미술은 티칭이 아니라 코칭이어야 한다는 것을 알게 되었다.

티칭과 코칭은 얼핏 보면 비슷하지만 행동의 주체를 생각해 보면 전혀 다르다는 것을 알 수 있다. 티칭은 가르치는 쪽이 해답을 제시하는 것이지만 코칭은 배우는 쪽이 해답을 찾아내는 것이다. 티칭은 '가르치다=선생님'이고 코칭은 '도와준다=조력자'이다. 아동미술은 아이가 가지고 있는 창조적 생각과 마음을 드러내도록 이끌어야 하는 데 가치를 두는 것이므로 티칭이 아니라 코칭이어야 한다.

티칭형 수업은 잠재력이 많은 아이들이 더 이상 질문을 할 수 없게 한다. 가르치면서 모두 알려주어 아이가 더 궁금하거나 호기심이 생길 만한 것이 없기 때문이다. 선생님의 생각대로 잘 따라 했는지 확인해서 '잘했다', '못했다'의 결과가 있을 뿐이다.

반면 코칭형 수업은 아이들 각각의 개성에 맞게 표현할 수 있도록 공감해 주고 수업 과정에서 문제가 발생하면 스스로 해결할 수 있도록 지지해 주고 도와주는 수업 방식이다.

내가 했던 수업은 아이들에게 생각할 시간을 주지 않고 빨리빨리 해결하도록 정답을 알려주는 티칭형 미술 수업이었다. 아이들이 수업 시간에 능동적이지 못하고 선생님에게 의존할 수밖에 없는 구조였다. 내가 그런 방식의 수업으로 배웠기 때문이다. '배운 대로 잘하고 있구나!'라고 생각했고 바로바로 해결책과 몇 번이고 정답을 잘 가르쳐주시는 친절하고 착한 선생님이야말로 최고의 선생님인 걸로 생각했다.

아이들과의 수업에서 아이들이 주인공이 아닌 내가 주인공이었고 아이들은 관객이었다. 더 이상 궁금한 것이 없도록 최선을 다해 알려 주는 선생님이었을 뿐 문제를 스스로 해결하도록 도움을 주는 조력자가 아니었다.

코칭형 수업은 엉킨 실타래를 풀다가 도저히 풀리지 않으면 바로 그때 중간에 한 번 한 가닥의 실을 살짝 잡아 당겨봐 주고 포기하지 않게 방향을 제시해 주는 것이다. 미술은 정답이 없으므로 새로운 방법으로 접근하는 친구들에게도 절대 안 되는 건 없다. 아동미술 수업에서는 간혹 순서나 방법이 바뀌었거나 정성 들여 그린 그림이 조금 삐뚤어졌더라도 스스로 해결하려고 노력한다면 모든 것은 훌륭하게 완성될 가능성이 충분히 있다. 중간중간 실패를 하더라도 해결을 위해 많은 생각을 하도록 도와준다면 그 과정은 또 다른 호기심을 갖는 기회가 된다.

선생님은 아이들이 무엇을 그리거나 만들 때도 아이들의 호기심을 자극할 수 있는 상황을 만들어 주어야 한다. 아이의 생각에 긍정적으로 반응하고 스스로 그 호기심을 노력해서 해결할 수 있게 적극적으로 유도하는 것이 아이들의 창의성 발달에도 중요하다. 그것을 위해서는 티칭이 아닌 코칭이어야 한다. 그래야 아이들이 마음껏 창조적인 생각을 할 수 있고 그 생각에 날개를 달아줄 수 있다.

$$\widehat{6}$$

행복한 아이를 만드는 마중물,
아동미술

우리 뇌의 여러 부분 중 전두엽은 명령을 내리는 사령탑 역할을 한다. 어떤 상황이나 사건, 대상에 대해서 생각하거나 행동하거나 의사 결정을 하는 중요한 역할이다. 인성과 학습, 행복한 삶의 질을 위해서 꼭 필요한 것이 전두엽의 활성화이다.

전두엽의 활성화를 위한 가장 최고의 수업은 정답이 없는 미술이라고 생각한다. 교과 지식만으로 인정받는 시대가 아닌데도 아직도 부모님들은 아이들 개개인의 역량이 발휘될 때까지 기다려 주지 않는다. 창의미술, 창의교육에 열광하면서도 테크닉에 대한 미련을 여전히 버리지 못하고 있다. 잘 그리는 방법, 기능이나 스킬만을 생각한다면 미술은 아이들에게 가치 있는 활동이 될 수 없다.

"1학년 때는 미술을 못하면 안 된다고 하더라구요."

"우리 아이가 미술 시간을 즐겼으면 좋겠어요. 잘 그리는 그림은 원하지 않아요."

"아이가 재미있어하면 좋겠어요."

최근 미술교육의 필요성과 인식이 점점 달라지고 있고 거의 초등 모든 교과에 내포되어 있다는 걸 알고 있기에 학부모 대부분은 상담 때 이런 이야기를 한다. 하지만 미술 수업이 재밌고 즐겁지만은 않다. 끝까지 완성하는 과정에는 집중력과 끈기가 필요하다.

"아이가 힘들다고 하네요. 색칠하는 게 힘들었나봐요. 하기 싫다고 하니 잠깐 쉴게요."

"만들기를 좋아해서 만들기만 했으면 좋겠다고 하는데 그럴 수는 없나요?"

4살, 5살 어린 친구들 작품은 그 자체로 인정하고 뿌듯해하지만 무언가 할 수 있을 거라는 생각이 드는 6살, 7살 때는 기대감에 자꾸 다른 친구들의 작품과 비교를 한다. 특히 SNS에서 또래 완성품을 보고 내 아이와 비교하며 즐기는 미술보다 잘 그리는 미술로 마음을 바꾸기 시작한다. 아이는 충분히 즐기고 그 과정에 몰입하고 있음에도 부모님은 거기에 그림도 잘 그렸으면 하는 것이다. 미술은 잘 그리는 그림이 중요하다는 생각을 가진 분들이 그 마음을 숨기고 왔다가 막상 아이의 작품을 보고 빠른 변화가 없으면 먼저 지쳐서 소질이 없는 것 같다며 아이의 생각이 아닌 부모님이 결정하시고 관두는 경우도 많다.

개개인의 역량이 다를 뿐인데 기다려 주지 않는 것은 아이가 성장할 기회를 제한하는 것이다. 아이들의 주도적인 성장으로 삶이 더욱 행복하길 바란다면 생각을 바꿀 준비가 되어 있어야 한다. 아동미술은 테크닉이 중요하지 않다. 그리고 아이의 역량이 발휘될 때까지 기다려 주어야 한다.

나의 어린 시절에는 놀이를 통한 몰입으로 전두엽이 활성화될 수 있는 환경이 충분했다. 집 밖으로 나가면 어디든 놀이터였다. 지금처럼 잘 정비된 놀이터는 아니지만 학교 끝나고 친구들끼리 만나는 약속 장소도 놀이터였다. 무슨 놀이를 하면 더 재미있을지 생각하고 새로운 규칙을 만들며 신나게 놀았다. 놀면서 편을 나눠 승패를 가릴 때도 있었고 의견이 맞지 않아 싸우는 순간에도 놀이의 기쁨이 더 컸다. 여러 상황들이 자연스럽게 만들어지며 그 안에서 몰입하고 느꼈던 신나고 즐거운 감정들은 아직도 잔잔한 행복감으로 남아있다. 체력이

방전될 때까지 놀았어도 엄마가 저녁을 먹자고 이름을 부르면 너무 아쉬워서 못 들은 척 버티다가 집에 억지로 들어가곤 했다. 거의 매일 그랬다.

티칭 위주의 교육만 있던 힘든 시절, 놀이터에서의 시간은 어쩌면 우리가 마음껏 몰두할 수 있었던 제일 신나고 행복한 시간이었다. 신나고 좋아하는 일에 몰입하면 전두엽이 최고로 활성화된다고 한다. 어린 시절의 우리는 전두엽의 활성화가 중요하다는 사실도 몰랐지만 이미 전두엽은 활성화되고 있었다. 그렇게 스트레스를 풀었기에 나역시 지금 건강하게 글을 쓰고 있는 것인지도 모른다.

지금의 아이들은 어떻게 건강하게 스트레스를 풀 수 있을까?
많은 양의 지식습득과 학습의 양으로 인한 힘듦은 어떻게 버틸 수 있을까?

이런 부분을 해결해 줄 수 있는 것이 아동미술이다. 실패해도 정답이 없기에 몇 번이고 다시 도전할 수 있는 행복한 수업이다. 아동미술은 마중물과 같다.
마중물은 마중하는 물이다. 말 그대로 땅속에 있는 물을 마중하러

가는 물이다. 많은 물을 얻기 위해선 펌프질을 할 동안 기다려야 한다. 그리고 꼭 필요한 한 바가지의 물, '마중물'을 펌프에 부어야만 물을 끌어 올릴 수 있다. 비록 한 바가지이지만 많은 물을 얻을 수 있게 해준다.

아동미술은 당장 눈에 띄는 변화를 불러오지 않을 수 있다. 하지만 마치 마중물처럼 시간이 지나면서 아이들의 인성, 학습 능력, 그리고 행복한 삶의 질을 높일 수 있다. 지금은 드러나지 않는 아이의 잠재적인 능력과 역량도 끌어올릴 것이다. 쌓인 스트레스도 해소해 줄 것이다. 아무리 신나게 놀아도 전혀 문제가 없었던 우리의 놀이 기억처럼 아무런 부작용도 없을 것이다. 아동미술은 행복한 아이를 만드는 마중물이다.

Chapter 3

김혜경 이야기:
TPR 영어,
소통의 기술이다

우리 아이들에게 영어가 소통의 수단이 되게 하려면 어떻게 해야 할까? 학습 시간과 어휘량을 늘리고 문법을 가르치며 완벽한 문장을 구사하도록 가르치면 될까? 이것도 절대 그렇지 않다. 어른이든 아이든 자신이 알고 있는 어휘로 자신의 상황을 정확하게 표현할 수 있게 하는 것이 소통을 위한 올바른 영어 학습이다.

1

유아 영어의 새로운 정석 TPR

"다음 학기에는 선생님과 재계약을 하지 않게 되었어요."

"아이들이 선생님 수업이 재미없고 지루하대요."

2004년 10월, 나는 유아 영어 선생님이 되어 첫 수업을 했다. 그런데 그해 12월, 내가 출강하던 다섯 개 원 모두로부터 2005년 신학기 강사 재계약을 하지 않겠다는 통보를 들었다. 너무 큰 충격이었다.

'영어 수업이 재미가 없고 지루하다니.'

나는 영어를 전공하지 않았다. 하지만 영어 공부가 너무 재밌어서

24살에 영어 선생님이란 직업을 선택했다. 성인 영어를 가르치기에는 경험이나 실력이 부족할 수 있지만 내가 좋아하는 영어를 유아들에게 재미있게 가르칠 자신은 있었다. 그런데 재미없고 지루하다는 평가를 듣다니…. 열심히 수업에 임했던 나로서는 충격적인 평가였다.

그때부터 아이들이 영어를 재미있어하려면 내가 어떻게 해야 할까를 연구하기 시작했다. 도움이 될 만한 게 뭐 없을까 찾아봤더니 좋은 강의와 수업이 상당히 많았다. 그것들을 찾아서 듣고 필요한 자격증도 취득했다. 선임 선생님들의 수업도 참관해 봤다. 중요한 내용과 내가 적용해야 할 부분은 전부 받아 적었다. 영상 녹화가 지금처럼 쉽지 않던 때라 최대한 빠르게 받아 적는 게 최선이었다. 그 내용을 출근하는 버스 안에서, 지하철 안에서, 걸어 다니면서 연습하고 수업하는 것을 반복했다.

그런 시간이 쌓이니 효과가 있었다. 그 이후 아이들과 하는 모든 수업은 큰 무리 없이 진행되었다. 하지만 영어를 외국어로 학습해야 하는 우리나라 아이들에게 지금의 내 영어 수업이 어떤 의미가 있을지 또, 얼마만큼의 학습 효과가 있는지 궁금했다. 또한 제대로 가르치고는 있는 건지도 확인하고 싶었다. 나는 열심히 가르치고 아이들은 즐거워하는데 왜 일상생활에서의 아웃풋은 없는지 의문이 들었다. 이제는 티칭법이 아닌 영어 교육과 언어학을 공부해야겠다는 생각이 들었다.

2010년 9월, 숭실대학교 교육대학원 조기영어교육학과에 입학했다. 대학원에서 알게 된 다양한 교육학 이론과 교수 방법을 통해 5년 동안 아이들의 수업을 하면서 진행한 나의 많은 연구와 노력이 학문적으로도 유의미했음을 알게 되었다. 대학원 수업은 내가 쌓았던 수업 연구에 대한 이론적 근거가 되어 주었다.

하지만 대학원에서의 조기 영어교육은 영어를 모국어로 사용하는 경우, 또는 영어를 자국어와 동시에 사용하는 경우가 많다. 영어를 외국어로 학습하고 있는 우리나라의 현실과 많이 다르다. 영어를 외국어로 학습하는 경우의 학습법이나 교수법의 경우들도 조기 영어교육이 활성화되어 있지 않은 우리나라의 현실에 적합하지 않다.

우리나라는 영어 유치원이나 놀이학교에 다니는 경우를 빼면 대부분 아이들은 일주일에 두 번, 1회 30분, 10명 이상의 아이들이 함께 일반 유치원, 어린이집과 같은 기관에서 영어 수업을 받는다. 그중에 조기 영어 수업에 관심이 조금 더 있는 학부모님의 경우 하원 후 개인 수업을 추가로 하거나 다른 영어 학원을 보내거나 엄마표 영어를 조금 더 시키는 정도이다.

나는 일반 유치원, 어린이집과 같은 기관에서 아이들을 가르치고 있고, 일반 영어 학원에서 주 2회 30분 정도 영어교육을 받는 아이들을 대상으로 수업하는 영어 교사다. 이런 나의 교육환경에서 대학원의 교수법과 수업 활용 등은 실전 수업에서 큰 도움이 되지 못했다. 교육환경, 물리적인 영어 노출 시간 등에 너무 큰 차이가 있었기에 좀 더 고민해야 했다. 그리고 무엇보다 '우리 아이들은 영어 수업 시간이 짧으니까 이 정도면 됐지.'라고 생각하고 싶지 않았다. 우리 아이들에게 효과적인 다른 방법을 찾아 나갔다.

어떻게 하면 짧은 시간에 정확하게 언어 전달이 될까?
정확하게 기억되면서 의미까지 전달될 수는 없을까?
어떻게 하면 아이들이 오래 기억할 수 있을까?
어떻게 하면 아이들이 일상생활에서 영어 표현을 사용할 수 있을까?

그러던 중 나는 대학원에서 영어 드라마 수업을 듣게 되었는데 '아! 이거다.' 하는 부분이 있었다. 또 영어로 하는 영어 체육 수업 교육을 들었는데 거기서도 '아! 이거구나.' 하는 것을 발견했다. 바로 실제로 초등 영어 학습에서 많이 활용되고 있는 교수법인 TPR이었다. 이것을 활용해 보기로 했다.

TPR(Total Physical Response)은 우리말로 전신반응교수법이라고 한다. 이것은 제임스 애셔 박사에 의해 창안된 교수법으로 교사의 명령(Command)에 학습자가 신체 반응으로 본인의 이해를 표현하는 것이다. 발화에 대한 강요 없이 행동으로 반응하게 함으로써 학습자가 긴장은 낮추고 이해에 집중할 수 있다. 이는 초등학생의 인지 발달 및 행동 특성에 부합하기 때문에 초등학교에서 교수 기법으로 많이 활용된다.

이 TPR 교수법을 그대로 유아 영어 수업에 적용할 수는 없었지만 우리 아이들에게 움직임을 통해서 몸으로 하는 사인처럼 영어를 적극적으로 전달하고 활용하면 효과가 있을 것 같았다. 몸으로 표현하고 몸으로 기억하게 해보면 영어를 훨씬 재미있고 신나게 배울 수 있지 않을까 하는 생각도 들었다. 그리고 내가 아이들을 가르치면서 가장 의문스러웠던 영어 아웃풋에도 성과가 보일 것 같았다. 선생님 말씀에 반응하는 행동이 점점 늘어나면 말과 행동이 자연스럽게 연결되며 아웃풋이 될 수 있을 것이기 때문이었다. TPR 교육법이 유아 영어 교육에서의 가능성을 확신하고 수업 준비를 했다.

"Put your hands up!"
나의 TPR 영어 수업은 이렇게 시작되었다.

TPR로 어떻게 의사소통할까?

2009년 4월, 강서구의 한 어린이집에 수업하러 갔다. 신학기가 시작된 지 막 2주 정도 지났을 무렵이었다. 어린이집 출입문을 들어서자마자 4살 아이가 나를 보며 큰 소리로 말을 걸었다.

"어, 헬로 지나~!"

이제 막 4살 된 아이가 당당하고 큰 소리로 영어 인사를 하니 너무 귀여웠다. '내가 영어를 참 잘 가르치고 있구나!' 하는 마음이 들어 좋았다. 그런데 잠시 후에 원장님을 보고도 "헬로 지나.", 주방에서 일하시는 조리사 선생님께도 "헬로 지나." 하는 것이 아닌가. 지나는 내 영어 이름인데 말이다.

'아이고야….'

　당황해하는 나를 지켜보시던 원장님께서 아이가 영어 수업을 너무 좋아한다며 등하원 때 누구에게나 "헬로 지나."라고 인사를 한다고 알려주셨다.
　'아, 그래도 헬로 지나라는 말이 인사라는 것은 아는구나.'

　영등포의 한 어린이집에 갔을 때는 5살 아이가 나를 보더니 대뜸 물었다.
　"선생님, 배꼽이 웬즈데이(Wednesday)죠?"
　"어? 아니지. 웬즈데이는 수요일이지."

　수업 시간에 요일에 대해 쉽게 알려주기 위해 요일별로 신체 부위를 손가락으로 짚어가며 아이들과 노래를 불렀다. 이때 수요일에 해당하는 신체 부위가 배꼽이었다. 아이들 입장에서는 웬즈데이가 배꼽이라고 생각할 만했다.

　TPR이라는 수업 방식에만 신경을 썼더니 정작 본질인 영어의 의미는 제대로 전달되지 못하고 있었다. 유아들에게 TPR을 활용해서 영어 수업을 할 때는 의미를 전달하는 것에 더 집중해야 한다는 것을 지나쳤던 결과였다.

그렇다면 어떻게 의미를 전달할 것인가? 책과 참고 영상 등을 보면서 나만의 TPR 학습법을 만들었다.

첫 번째, 유아들의 학습 발달 단계를 고려하여 인지 발달 단계상 정확한 의미 전달이 되지 않는 내용은 과감하게 빼기로 했다. 그랬더니 아이들에게 인사와 이름 부분에 대한 내용은 어렵지 않게 정정이 되었다. 그런데 요일의 의미를 정확히 알려주는 것은 문제가 있었다. 5세 유아에게 요일, 계절 등의 시간적인 개념을 한 번에 이해시키기는 쉽지 않았다. 이 부분에서는 이해하는 범위에서만 가르치기로 했다. 물론 유아들 대상이라도 아이들이 알고 있는 것만 가지고 영어로 공부하는 것은 아니다. 영어 학습 중에 몰랐던 지식을 새롭게 습득하고 발전시켜 나갈 수도 있다. 하지만 유아기에는 인지 발달 과정에 맞도록 너무 과하지 않은 적절한 학습량을 유지하는 것이 더 중요하다고 판단되었다.

두 번째, 수업에 필요한 몇 가지 규칙이나 질문은 모국어로 정확하게 설명하고 사인을 만들어 활용하기로 했다. 보통 유치원이나 어린이집에서는 짧은 시간 동안 수업을 한다. 시간 유아 영어 수업은 일주일에 30분, 주 1회, 주 2회 진행한다. 한 반에 20명 전후의 아이들과 영어 수업을 하려면 시간적인 여유가 많지 않다. 그래서 나만의 수업 규칙을 정했다. 매달 바뀌는 수업의 큰 주제를 제외한 수업에 필요한 수업 지시 사항을 다섯 가지로 정리하였다.

인사 나누기, 발표나 질문하기, 그림책 읽기, 자리 이동하기, 작별 인사 나누기, 마지막으로 오늘의 언어 전달하기이다. 이 다섯 가지 지시 사항을 사인처럼 만들어 활용하였다. 두 번 설명할 필요도 없고 주의 집중을 위해 다소 소란스럽게 했던 손유희, 챈트 활용 횟수를 줄여 차분한 수업 분위기를 만들 수 있었다.

세 번째, 그림 자료를 적극적으로 활용했다. 교사의 지시 사항을 듣고 신체를 움직이는 활동이 많은 수업이라 자칫 아이들이 흥분하게 되면 진행이 쉽지 않다. 이렇게 되면 체육 수업 같은 신체 활동 수업으로 흘러가곤 한다. 한번 흥분한 아이들을 진정시키기도 쉽지 않은데 그것을 영어로 해야 한다는 것은 더 쉽지 않다. TPR 수업이라도 때에 따라 아이들이 그림 자료를 보고 설명을 듣고 그 활동을 연습해 보도록 했다. 그동안 100% 목소리로 전달하던 내용을 그림 자료를 활용하니 소란스럽지 않게 즉각적인 반응을 끌어낼 수 있었다. 그리고 그 동안 눈치 빠른 친구는 이해하고 그렇지 못한 친구는 이해하지 못했던 것과 달리, 대부분의 아이들이 정확하고 빠르게 이해하게 되었다.

영어는 언어다. 의사소통을 위한 수단이다. 그래서 말이나 문장이 의미하는 바가 정확히 전달되어야 한다. TPR 수업도 활동 수업에 그치지 않고 정확한 의미 전달에 중점을 두어야 한다. 문장을 사용하는 상황도 중요하다. 상황에 따라 의미가 달라질 수 있기 때문이다. 유아부터 초등 저학년 학습자가 해야 하는 영어는 복잡한 상황에 대한 문장이나 내용이 많지는 않다. 하지만 이 시기에도 다양한 상황을 경험하게 하고 그에 따른 충분한 설명이 필요하다. 그래야 영어라는 언어를 스스로 활용할 수 있도록 하는 수업의 목표를 이룰 수 있다.

스토리로 이해 능력을 강화하자

"Life is like a box of chocolates; you never know what you're gonna get."

이 영어 문장은 1994년 톰 행크스가 주연을 맡았던 영화 〈포레스트 검프(Forrest Gump)〉에 나온 유명한 대사이다. 인생에서 일어나는 알 수 없는 뜻밖의 일을 초콜릿 상자로 비유하고 있다. 영화를 본 사람들이라면 어렵지 않게 이 문장을 이해할 것이다. 나는 중학교 3학년 때 우연히 이 영화를 보게 되었다. 그리고 30년쯤 지난 지금도 이 대사와 그 장면을 기억하고 있다.

이 대사의 뜻은 이렇다.

"인생은 초콜릿 상자와 같은 거야. 어떤 걸 가질지는 아무도 알 수 없거든."

인생이 초콜릿 상자와 같다…. 마흔 훌쩍 넘어 보니 이 말이 맞다. 상자 안에 든 다양한 맛과 모양의 초콜릿 중에서 내 마음에 꼭 맞는 것을 고를 확률은 높지 않다. 어떤 일이 일어날지 모르고 내 뜻대로 되지 않는 게 인생이다. 그런데 고작 중3이었던 내가 어떻게 기억을 하게 됐을까. 이 대사는 사실 짧지도 않다. 게다가 직관적인 내용도 아니다. 인생에서 큰 아픔을 겪거나 쓴 경험을 해봐야 이해하지 않을까. 중3짜리가 인생을 알면 얼마나 안다고 머릿속에 남겨 놨을까. 그 것은 스토리 때문이라고 생각한다. 앞뒤 관계를 보고 전체적으로 흘러가는 이야기를 통해 중3 머릿속에서 해볼 수 있는 최대한의 경험치를 모아 추측을 해본 것이다.

스토리는 학습에서도 중요한 역할을 한다. 정확한 뜻을 알 수는 없어도 상황에 맞게 추론해서 기억할 수 있기 때문이다. 나는 스토리를 TPR 수업에서 효과적으로 활용할 수 있었다.

성장하는 아이들에게 언어를 가르칠 때는 연령에 따른 발달 단계를 고려해야 한다. 4살과 5살, 5살과 6살, 6살과 7살 그리고 초등 저학년은 모든 면에서 차이가 있다.

TPR 수업은 신체 활동을 동반해 수업이 진행되기 때문에 지루하지 않고 흥미롭다. 하지만 이 장점이 다양한 주제와 의미를 전달해야 하는 언어 학습을 방해하는 단점도 된다.

4세 때 교육은 보거나 들었을 때 동작이 연상되는 직관적인 어휘를 배우는 단계라면 연령이 높은 7세는 감정 표현이나 추상적인 의미를 담은 어휘도 학습해야 한다.

영어는 언어이기 때문에 사용하는 상황이 중요하다. 상황에 맞는 말을 해야 하기 때문이다. 나는 아이들의 언어적인 이해 능력을 강화하기 위해서 다양한 스토리를 더하게 되었다. 매월 그달에 알맞은 주제를 정하고 그 주제에 어울리는 영어 그림책을 선정하여 수업을 진행한다. 이 과정을 통해서 아이들은 그림책 속의 다양한 캐릭터가 되는 직접적인 경험을 하며 언어를 익힌다. 또한 선생님과 함께 학습하고 있는 또래를 통해 간접적인 경험도 하게 된다.

TPR 수업과 스토리를 함께 하니 특정 상황을 표현하고 이해시키는 과정이 수월해졌다. 한국어와 영어를 혼합하며 구구절절 설명해야 하는 비효율적인 상황이 줄어든 것이다. 아이들의 집중력을 떨어뜨리던 이 과정이 줄어드니 수업이 톱니바퀴 굴러가듯 자연스럽게 진행되었다.

TPR 수업의 가장 큰 특징은 신체 활동을 통해 하는 신체 표현이다. 신체 활동에 스토리를 넣으니 신체 표현도 예전보다 훨씬 다양해졌다. 스토리가 제공하는 다양한 상황과 여러 캐릭터가 아이들의 신체 표현을 더욱 다양하고 풍부하게 한다. 스토리 수업이 다소 소극적인 성격의 아이들도 좀 더 쉽게 적극적으로 수업에 참여하는 계기가 된 것은 큰 수확이었다.

영화감독은 영화에서 전달하고자 하는 메시지를 끊임없이 스토리를 통해 관객에게 노출한다. 이 과정에서 관객은 영화가 담고 있는 스토리를 이해하고 감동받는다.

나는 우리 아이들과 TPR 수업을 하면서 수업마다 이렇게 영화감독이 되어 하나의 스토리를 담은 영화를 만든다는 마음으로 수업을 계획하고 진행한다. 어떤 날은 코미디, 어떤 날은 드라마, 어떤 날은 액

션, 판타지, 또 어떤 날은 아이들에 의해서 호러가 되기도 한다. 장르도 정말 다양하다.

영화나 드라마 등 스토리가 담겨 있는 것들은 보통 사람들의 기억에 오래 남아 있다. 세대가 바뀌는 시간이 지나도 그 감동은 흐려지지 않는다. 스토리는 상황을 이해시키기 어려운 TPR 수업의 부족한 점을 200% 채워주는 핵심 도구이다.

$\textcircled{4}$

리듬과 라임, TPR 학습의 즐거움

"...

자꾸자꾸 서성이네

몰래몰래 훔쳐보네

knock knock knock knock

knock on my door

...

보나마나 또 playboy

떠보나마나 bad boy

..."

— 〈knock knock〉 중에서, 트와이스

영화 〈시동〉에 배우 마동석이 TV에 나오는 트와이스의 노래에 맞춰 춤을 추는 장면이 있다. 의외로 유연한 몸동작이 놀랍다. 라임이 딱딱 맞는 가사는 머리에 쏙쏙 들어온다. 영화가 끝나고도 한동안 기억에 남아 나도 모르게 몸이 들썩거린다.

우리 아이들도 춤추고 노래하는 것을 굉장히 좋아한다. 이런 특징은 언어를 빠르게 습득하는 데 대단히 큰 장점이 된다. 나는 아이들이 춤추고 노래하는 것에 착안해 리듬과 라임을 활용한 영어 놀이 TPR 수업을 한다.

운율, 노래, 리듬 활동과 함께하는 TPR 수업은 어린 학습자에게 매력적인 학습 경험이 된다. 언어 발달을 위한 강력한 기반을 구축할 수 있는 효과적이고 즐거운 방법도 된다. TPR 수업에 리듬과 라임을 더하면 자연스럽게 영어가 되는 이유가 여기에 있다.

리듬과 라임을 활용한 수업은 굉장한 장점이 있다. 아이들의 참여도를 높일 수 있고 활동 내용을 오래 기억하게 하며, 발음과 억양을 발달시키는 데도 도움이 많이 된다. 자신감을 느끼게 해주고 문화적인 노출도 이뤄지는 등 여러 방면에서 좋다. 하지만 내가 리듬과 라임을 활용한 TPR 수업을 하는 가장 큰 이유는 따로 있다. 다음의 두 가지이다.

첫 번째는 음소 인식이다. 음소 인식은 언어의 소리를 식별하고 조작하는 능력으로 언어 발달의 중요한 요소이다. 특히 라임은 마지막 음절이나 마지막 단어 또는 줄 끝에 일치하는 소리를 가진 특징이 있다. 노래를 부르는 동안 반복되는 이 음절과 단어들 덕분에 자연스럽고 쉽게 영어의 철자와 소리를 익힐 수 있다. 이렇게 익힌 철자와 소리를 서로 조합하면 새로운 단어를 만들 수 있다는 것도 배우게 된다.

영어를 외국어로 학습해야 하는 우리나라의 영어 환경에서는 철자를 빠르게 익히고 영어 단어와 문장을 읽어내는 것이 굉장히 중요하다. 영어 유치원이나 영어 학원을 빼면 영어 환경 노출이 거의 없는 교육환경이라 영어를 스스로 읽는 것이 본격적인 영어 학습을 시작하기 직전 단계가 되어 매우 중요하다.

리듬과 라임을 통한 TPR 수업은 재밌게 반복되는 이 소리를 통해서 음소 인식과 철자와 단어를 흥미롭고 빠르게 익힐 수 있는 도구가 된다. 언어의 패턴을 익혀 문법 규칙과 문장 구조를 쉽게 이해하는 데도 중요한 역할을 한다. 이 부분에 익숙해진 아이는 성장 단계에 따른 언어 발달이 자연스럽게 이루어지고 읽기 능력도 향상된다.

리듬은 아이들이 단어의 음절 구조를 듣고 문장에서 단어를 분리하는 데 도움을 준다. 아이들의 두뇌는 즐거운 시간 동안에도 열심히 일한다. 의사소통을 위한 많은 언어의 구성 요소를 여기에서 배우게 되는 것이다.

두 번째는 나와 아이들과의 효과적인 상호작용을 위해 리듬과 라임을 적극적으로 활용한다. 요즘의 교육환경은 의사 표현이 자유롭고 개방적이다. 우리 선생님들도 그에 발맞춰 아이들의 자연스러운 의사 표현을 위해 적극적이다. 하지만 일주일에 몇 시간밖에 안 되는 수업 시간으로는 만족스러운 성과를 얻기 어렵다. 무엇인가를 가르치고 가야 한다는 부담은 있는데 오히려 아이들과 선생님이 모두 쫓기고 경직될 수도 있는 상황이다.

리듬과 라임을 통한 수업은 이런 문제를 어렵지 않게 해결한다. 우리 아이들이 자연스럽고 간단한 신체 활동과 직간접적인 접촉을 통해 수업에 적극적으로 참여하기 때문이다. 선생님은 간지럼, 손 마주치기 등의 간단한 신체 활동을 더한 TPR 수업을 통해 아이들과 눈을 맞추고 서로의 표정을 살피며 끊임없이 상호작용을 할 수 있다. 이런 과정에서 경험하는 즐거움은 아이들로 하여금 수업에 적극적으로 참여하게 하며 아이들 스스로 자연스럽게 속도를 늦추고 운율에 맞춰 뛰어들 수 있도록 한다.

리듬과 라임을 함께하는 TPR 수업은 최고의 영어 학습 액션이다.

원어민과 대화가 저절로 된다

예전에 KBS 〈다큐3일〉이라는 프로그램에 평택 국제시장이 나왔다. 그곳은 주둔하고 있는 미군들을 주로 상대하는 시장이다. 거기 튀김 파는 할머니가 있다. 할머니는 오징어, 감자, 고구마, 만두 등을 바삭바삭하게 튀겨서 판다. 주로 오는 손님은 미군이나 그 가족들이다. 물론 대화는 영어로 한다. 머리가 허연 할머니지만 영어를 곧잘 하신다. 주문도 잘 받고 셈도 정확하다. 전혀 거리낌이나 두려움이 없어 보였다.

우리는 학창 시절부터 성인이 된 지금까지 끊임없이 영어를 공부해야 한다고 생각한다. 아마 오늘도 하고 있을 것이다. 우리나라 사람 대부분은 10년 이상 영어를 공부했다. 그런데도 외국인 앞에 가면 한마디도 하지 못하는 경우가 많다. 언어의 본질적인 목적과 다르게 공부해서이지 않을까 생각한다.

영어를 하는 가장 근본적인 이유는 소통이다. 소통되어야 언어로서 가치가 있다. 언어는 새로운 세상과의 연결을 가능하게 해서 활동 범위를 넓혀준다. 평택 국제시장의 할머니는 외국인과 제대로 소통하며 자신의 영역을 국제적으로 확대하고 있다. 영어를 공부로만 접근하면 도저히 얻을 수 없는 부분이다. 직접 부딪히며 손짓발짓 동원해서 해보는 몸으로 하는 영어가 힘이 있는 이유다. 목적이 소통이기 때문이다.

'자녀에게 영어 공부를 시키는 이유'를 묻는 설문조사에서 2022년 1월까지의 1위는 '글로벌 경쟁력 강화'라고 한다. 영어는 국제 비즈니스, 학문, 연구 등에서 중요한 언어로 여겨지고 있다. 자녀가 영어에 능통하다면 국제적인 환경에서 성공할 기회가 더 있을 것으로 기대하는 것은 당연하다. 영어에 능통하면 우리 아이에게 좀 더 좋은 교육의 기회가 제공된다고 생각하는 이유도 있을 것이다.

대학 입시 전형이 다양해지고, 세분화하면서 모든 교과목을 공부하기보다는 원하는 대학의 입시전형에 맞춰 영어 과목에 집중하는 학습

계획을 세우고 실천하는 사례들이 실제로 증가하고 있다. 국내 대학 입학에 집중되었던 과거에 비해 이제는 해외 대학의 진학률이 높아지면서 영어의 중요성은 더 부각되고 있다.

이렇게 변화하고 있는 현재와 미래를 생각해보면 영어를 학습하는 데 가장 중요한 목표는 바로 소통이라는 것을 알 수 있다. 아이가 해외에서 생활할 때 느끼는 현실적인 불편을 겪지 않도록 하고 글로벌한 시대적 변화에 맞춰 한국에 거주하는 다양한 외국인들과의 업무를 위해서도 실질적인 소통은 중요하다.

그렇다면 영어를 외국어로 학습해야 하는 우리 아이들의 영어 소통이 가능해져서 글로벌 경쟁력을 강화하려면 어떻게 해야 할까? 원어민과 대화가 되려면 어떻게 학습해야 할까?

방법은 딱 하나다. 영어를 체득해야 한다. 체득의 사전적인 의미는 몸으로 익힌다는 것이다. 머리가 아닌 몸으로 영어를 능숙하게 이해하고 구사하는 능력을 말한다. 다시 말하면 단순히 어휘나 문법을 암기하는 것을 떠나, 실제로 그 언어를 사용하고 이해하는 능력을 포함한다고 할 수 있다. 영어의 체득을 위해서는 교육, 실제 경험, 문화적 이해, 언어 교환 등 다양한 요소들이 필요한 것은 당연하다.

이것을 가장 쉽고 자연스럽게 연습할 수 있는 것이 TPR 영어 학습이다. TPR 영어 학습을 통해 아이들은 신나고 재미있게 몸을 움직이며 자연스럽게 언어를 연결하게 된다. 이것이 반복되면서 아이들은 영어를 직간접적으로 몸에 익힐 수 있게 된다. 언어는 지속적인 노력과 훈련의 결과물이다. 운동선수가 계속 같은 동작을 반복하며 자기의 것으로 만들어가는 과정과 같다. 계속 몸을 움직이며 영어를 배우는 TPR 영어 학습은 이런 측면에서 중요성을 지닌다.

대화한다는 것은 어떤 의미일까? 같은 지식을 갖고 있고 비슷한 어휘력을 갖고 있어야 가능한 것일까? 그렇지 않다. 전문적인 지식을 전달하는 과정이 아니라면 일상생활의 대화는 얼마든지 가능하다. 평택의 튀김 파는 할머니는 외국인 손님과 동일한 지식이나 어휘력을 갖고 있지 않더라도 얼마든지 자신이 하고 싶은 말을 할 수 있는 것과 같은 이유다.

그렇다면 우리 아이들에게 영어가 소통의 수단이 되게 하려면 어떻게 해야 할까? 학습 시간과 어휘량을 늘리고 문법을 가르치며 완벽한 문장을 구사하도록 가르치면 될까? 이것도 절대 그렇지 않다. 어른이든 아이든 자신이 알고 있는 어휘로 자신의 상황을 정확하게 표현할 수 있게 하는 것이 소통을 위한 올바른 영어 학습이다.

소통하는 영어가 중요하다. 소통을 우선으로 하려면 영어로 말하는 것에 대한 부담을 덜어 주어야 한다. 이를 위해 어떤 상황을 자기 능력 안에서 영어로 표현하는 자연스러운 기회를 만들어 주는 것이 필요하다. 아이들은 영어 시간에 노래하며 춤추고 놀면서 영어를 체득한다. 이 과정에 교사는 아이가 끊임없이 언어적인 사고를 할 수 있도록 자극하고 공감해 주어야 한다. 자연스럽게 자신이 가진 어휘와 이해 능력으로 재밌게 보내는 시간이 반복되는 TPR 영어 학습을 하면 아이는 영어 말하기가 공부도 아니고 숙제도 아니라고 받아들이게 만든다. 하지만 어느새 자기에게 하는 말을 알아듣고 하고 싶은 말을 하고 있다. 이것이 TPR 영어 학습의 묘미다.

공부 영어 이기는 소통 영어

"I want it!"

6살 된 아이의 용기 있는 한마디다.

2024년 어느 날 6살이 된 아이가 보호자 대기실에 있던 학생과 학
부모 모두를 웃게 했다. 우리 학원에는 학생과 보호자들이 사용하는
휴식 공간이 있다. 학원에 오는 모든 아이는 등원하자마자 그곳에서
출석 체크를 하고 물도 마시고 수업 전후 잠시 시간을 보내기도 한다.
아이들의 학습을 격려하기 위해 학원에서 발행하는 달러로 간식을 구
매할 수 있는 편의점도 설치되어 있다.

일주일에 한 번씩 수업을 위해 오는 필리핀 선생님이 물을 마시러 편의점에 들어갔을 때, 마침 그 아이가 거기 있었다. 아이는 원하는 것이 있었는지 주변을 서성이고 있었다. 그러다 뭔가를 결정한 듯한 눈빛을 보이더니 옆에 있던 필리핀 선생님에게 대뜸 말을 걸었다.

"I want it."

그곳에 있던 모든 아이들과 학부모들의 눈은 6살짜리와 필리핀 선생님에게로 집중되었다.

"Really? Do you have dollars?"

필리핀 선생님은 아이의 행동에 당황했지만, 영어로 표현한 것이 기특했는지 이것도 물어보고 저것도 물어보면서 잠시 대화를 이어갔다. 결국 아이가 원하는 것을 흔쾌히 사주었다. 아이가 원하는 것을 자신의 언어로 표현했다는 것을 크게 칭찬해 주기도 했다. 둘의 대화를 유심히 보던 초등학교 4학년 여학생이 나에게 말했다.

"와~ 원장님, ○○이는 정말 대단해요. 저는 지난주에 베트남에 가족여행 가서 인사밖에 못 했는데…."

그 순간, '아! 이거다!' 싶은 생각이 들었다. 내가 우리 아이들에게 영어를 가르치는 진짜 이유는 바로 하고 싶은 말을 자연스럽게 할 수 있게 만드는 데 있다. 점수를 잘 맞는 영어가 아니라 실제 상황에서 사용할 수 있는 언어로서의 영어, 소통 수단으로서의 영어를 추구한다. 어느 정도의 어휘를 알고 있는지, 문법적인 지식이 얼마나 되는지는 중요하지 않다. 자신이 알고 있는 어휘로 하고자 하는 말을 할 수 있는 영어를 가르치고 싶었다. 그런데 이 장면을 보고 가능하겠다는 생각이 들었다.

6살짜리 아이는 그때 영어를 시작한 지 4개월 되었다. 초등학교 4학년 여학생은 6살 때부터 영어 공부를 시작해서 여러 영어 학원을 거쳐 우리 학원은 이제 1년 정도 다녔다. 한 6년 정도 공부한 것이다.

두 아이를 보면 영어 학습 기간과 학습량이 영어에 대한 자신감과 비례하지 않는다는 걸 알 수 있다. 두 아이 중 누가 우수하고 덜 우수한지를 말하고 싶은 것이 아니다. 중요한 것은 영어 공부는 의사소통의 수단이 되도록 해야 한다는 데 있다. 공부하는 영어가 아니라 소통하는 영어가 되어야 한다.

가장 효율적인 영어 학습을 위해서는 아이의 성장 발달 과정을 고려하여 적절한 학습 방법을 선택해야 한다. 아이의 영어 수준에 맞춰 가르쳐야 하는 것도 기억해야 할 점이다.

언어에는 3가지 기능이 있다. 듣기(listening), 말하기(speaking), 쓰기(writing)이다. 이 기능의 아웃풋을 어느 정도로 할지 미리 정하는 것은 대단히 중요하다. 앞에 나온 6살 아이의 경우는 학습 후 아웃풋의 비율을 듣기 40%, 말하기 40%, 쓰기 20%로 설정하면 좋다.

학습량과 학습 방법은 언어 기능의 아웃풋 비율 설정 후 결정하는 것이 좋다. 기대하는 아웃풋의 비율을 먼저 설정하면 보다 적극적인 학습 방법을 설정할 수 있다. 아웃풋 정도를 미리 설정할 때 주의해야 하는 것은 아이의 발달 과정과 성향에 맞게 해야 한다는 것이다. 학습에 대한 부담을 최대한 줄이기 위해서다.

부담 없는 학습이 중요한 이유는 지속성과 관련이 있다. 무언가 결과를 내야 하고 완벽하게 해야 한다는 스트레스는 지속적 학습을 어렵게 만든다. 특히 영어는 숨 쉬는 것처럼 자연스러운 지속성이 중요한데 스트레스는 자연스럽고 두려움 없는 시도를 불가능하게 만들 수 있다. 부담 없는 접근이 모든 학습의 기초가 되어야 하는 이유다.

영어를 공부로 받아들였을 때 어려워지는 이유는 언어가 의사소통의 도구라서 섬세하고 정교하기 때문이다. 언어를 학습할 때 모든 경우의 수를 다 감안해서 암기하듯 하는 것은 바람직하지 않다. 효과적이지도 않고 자연스럽지도 않기 때문이다. 우리가 말을 배울 때 이런 저런 생각을 하지 않고 상황에 맞는 언어를 그대로 익히듯 영어도 그런 식으로 학습할 때 가장 효율적이다.

상황과 언어가 자연스럽게 연결되어야 의사소통의 도구로서 힘을 발휘하게 되는 것이다. 그래서 영어는 재미있게 하고 바로 해보고 써먹어 보면서 배우는 것이 가장 좋다.

"I want it."

지금 바로 자신이 아는 어휘를 조합해서 6살짜리 꼬마처럼 한마디 해보면 어떨까. 소통은 한 번 해보는 것에서 시작된다. 대화를 시작하는 것이 중요하며, 그 첫걸음이 두려움을 극복하고 관계를 발전시키는 열쇠가 될 수 있다.

Chapter 4

김진희 이야기:
몰입하는 자유,
노마디즘은
삶의 전환점이다

마흔, 자신의 가치를 발견하고 혁신적인 성장을 할 수 있는 노마디즘의 사유를 시작할 가장 적합한 때이다. 긴 인생 여정에서 자기 적성에 맞는 전문가가 되어야 한다. 불혹의 나이에 시작해도 결코 늦지 않다. 우리 스스로 실패라고 느끼는 순간을 맞이할 때면 맷집 좋게 벌처럼 신속하게 날아서 나비처럼 우아하게 앉는 방법을 선택하면 된다.

$$\textcircled{1}$$

마흔,
노마디즘으로 마음 성장 공부 시작

"사노라면 언젠가는 밝은 날도 오겠지. 흐린 날도 날이 새면 해가 뜨지 않더냐새파랗게 젊다는 게 한밑천인데. 쩨쩨하게 굴지 말고 가슴을 쫙 펴라."

– 〈사노라면〉, 일부

남편 사업이 실패했다. 부자는 망해도 3대가 먹고 산다는데 우리 집은 3대는커녕 3일을 버티기도 힘겨운 최악의 시기를 보냈다. 겨울 인데 난방이 끊기는 경험은 두려움 그 자체다. 세상이 무서웠다. 짓 누르는 생계비와 커가는 아이들의 양육비는 감당하기 버거운 무게이 다. 그 시절 〈사노라면〉을 읊조리며 마음을 다잡곤 했다. '내게도 다시 해가 뜨겠지, 내일은 또다시 밝은 날이 오겠지.' 하는 한 가닥 희망을 품고 말이다.

살다 보면 '이보다 더 최악일 수는 없어.', '뭘 해도 되는 일이 없네.' 하는 순간들이 있다. 하는 일마다 잘 풀리지 않고 흔한 운조차도 따라 주지 않는 막막한 시간. 대수롭지 않게 홀홀 털어내지 못하는 날들. 내게는 마흔이라는 시간이 그랬다. 그 당시 가톨릭 신자인 나는 냉담을 풀고 성당에 가서 기복 신앙인의 맹렬한 자세로 신께 매달렸다. 딱히 다른 방도가 없었으니깐.

세상 유혹에 흔들림 없는 성숙한 어른이 되는 나이 마흔. 그래서 마흔을 불혹이라고들 한다. 나의 마흔은 바람 앞에 등불처럼 흔들리며 매서운 세상과 힘겨루기를 해야 했다. 이십 대에 김광석의 〈서른 즈음에〉를 곧잘 부르던 패기 넘치던 젊은이는 그 어디에도 없었다. 그저 닥치는 대로 일해야 했다. 치열하게 살아내며 밥값을 벌어야 하는 절박함에 일 중독자의 삶을 살고 있었다. 마치 눈가리개를 끼고 숨 가쁘게 질주하는 경주마처럼 내달렸다.

미국의 심리학자 앤더슨 에릭슨은 '어떤 분야의 전문가가 되려면 최소한 1만 시간 정도의 훈련이 필요하다'라고 한다. 마흔이 되는 시점에 나는 내 인생에서 더 늦기 전에 고소득 전문가로 전환하기 위해 조급하게 진로를 탐색하기 시작했다. 한 살이라도 더 젊었을 때 1만 시간을 확보해야 한다는 생각에 조바심이 난 것이다. 오십이 된 지금은 돈을 좇던 사십 대를 회고하니 어리석었다는 생각이 든다. 40~50대인 중장년기는 경제적인 안정감을 누리며 자아정체성을 되찾는 시기이기도 하다. 그런 중장년기의 시작인 마흔에 직업 전환을 꿈꾼다면 마땅히 스스로에게 질문해야 한다.

'내가 가장 하고 싶은 일이 무엇인가?', '살아오면서 내 적성에 제일 잘 맞는 일은?', '나의 관심사는?', '그 관심사를 직업으로 삼는다면?', '그 직업에 대한 자질과 역량을 얼마나 펼칠 수 있나?'

자신의 마음속 울림에 귀 기울이며 심도 있는 사고가 필수적으로 전제되어야 한다. 또한 이런 사고에서 비롯된 직업 전환의 기준은 돈만이 아니라 삶의 목적성에도 부합해야 할 것이다. 가장 하고 싶은 일, 적성에 맞는 일을 찾아서 하다 보면 돈과 명예는 자연스럽게 따라오지 않을까? 전문가가 되기 위해 들이는 시간과 노력의 과정이 더욱 즐겁고 적합한 결실을 볼 것이다.

"긴 인생 여정에서 자신의 적성에 맞는 전문가가 되어야 한다. 마흔에 시작해도 결코 늦지 않다.”

특히 나의 사십 대에는 온 사회가 자연의 리듬에 따라 생활하는 '아침형 인간'이 유행하던 시기였다. 야행성이었던 나도 '아침형 인간'으로 살기 위해 강박적으로 스스로를 채근하며 살았다. 그렇게 치열한 아침형 인간으로 살아 보겠다고 허우적대다 매일 부대끼는 하루를 마감하곤 했는데, 그럴 때면 나만 게으름뱅이인 것 같아 괴롭기까지 했다. 그 당시 몸과 마음이 병들어 가는 줄도 모르고 경쟁에서 승리해야 한다는 잘못된 신념이 나를 지배하고 있었다. 강골로 태어나 지칠 줄 모르는 체력을 갖고 있던 나는 몸을 아끼지 않고 쉼 없이 일했다. 어리석게도 언제까지고 몸은 나를 배신하지 않을 것이라는 생각을 하며. 늙어가고 있다는 건 전혀 눈치채지 못했다.

보살핌과 쉼이 없는 생활은 몸과 마음이 소진된다. 아이러니하게도 생활비 걱정으로 한시도 편할 날이 없었던 사십 대에는 소처럼 일해도 버틸 수 있었는데, 어느 정도 먹고 살 만한 오십 대가 되자 번아웃 증상이 나타났다.

흔히들 사춘기도 제 나이에 반드시 겪어야 성숙한 어른으로 성장한다고 한다. 겪을 시기에 제대로 겪지 않으면 언젠가는 탈이 나기 마련이다.

중년도 똑같지 않을까. 나 자신을 제대로 찾아놓지 못하면 사춘기 때처럼 큰 통증을 앓게 될 것이다. 오십이 되니 불쑥 달갑지 않은 노화가 시작되고 체력이 예전 같지 않음이 느껴져 불안감이 엄습해 왔다. 마음속에는 이미 우울감이 똬리를 틀고 들어앉은 것 같았다. 우리는 정신이 망가지면 모든 일상이 멈춘다는 것을 알고 있다. 마찬가지로 육체가 무너져도 정신이 온전하게 버텨 낼 재간이 없다.

오십에 갑자기 닥친 번아웃은 쓰라렸다. 내 존재 이유를 잃어버린 것 같았다. 지금까지 고생하면서 버텨온 모든 것이 허무하게 느껴지는 순간이 왔다. 그제야 나를 찾는 시간이 필요함을 느끼게 된다. 내가 제대로 서지 않고는 모든 것이 허상이나 다름없다. 나를 깊이 돌아보며 무엇이 필요한지 생각해 보았다. 정답은 변화였다. 내 삶에는 변화가 필요했다.

철학자 질 들뢰즈는 인간의 삶 자체가 창조라고 했다. 그러면서 현재에 얽매이지 말고 끊임없이 새로운 자아를 찾아 떠나라고 한다. 유목민처럼 말이다. 이것을 그는 '노마디즘'이라고 했다. 성장은 계속해서 나 자신을 부정하는 것에서 시작하는 듯하다. 그래야 새로운 것을 받아들일 공간이 생기고 또 노력할 동기도 만들어지는 것이다.

IMF 사태가 났을 때 대유행을 한 책이 한 권 있다. 『익숙한 것과의 결별』이다. 그때까지 지켜왔던 모든 것이 무너졌던 시기다. 대기업이 하루아침에 부도가 나고 수많은 기업이 사라졌다. 늘 해왔던 방법이 전혀 통하지 않게 되자 사람들은 방황하기 시작했다. 그때 고 구본형 저자가 이 책을 써서 변화의 필요성을 강조했는데, 성장도 똑같지 않을까. 성장도 나를 바꾸는 작업이니 변화를 의미한다. 그런 의미에서 성장은 자신이 어디에 있는지 확인하는 것에서 시작될 것이다. 어디에 있는지 알아야 어디로 갈지 알 수 있기 때문이다.

변하고 싶다고 갈망했다. 그러나 두려웠다. 내 주변에 있는 모든 것을 버리기가 어려웠다. 하지만 그렇게 하지 못하면 내 정체성을 찾을 수 없을 것 같아 용기를 내기로 했다. 오십이라고 해서 문제 될 것은 없다. 지금부터 날마다 나를 변화시키며 혁신해서 창조적이고 역동적인 삶을 만들어나가면 되는 것이다. 더구나 성공적인 노년을 생각한다면 반드시 천지가 개벽하는 심정으로 한 걸음 앞으로 나아가야 할 것이다.

마흔에 알았더라면 더 좋았을 것이다. 마흔이라면 내가 안주하고 있던 자리를 벗어나기가 더 쉬웠을 텐데. 어차피 겪어야 한다면 마음이 조금 더 굳기 전에 경험하는 것이 더 좋을 것이다. 마흔에 충분히 울어도 보고 아파봐도 괜찮다. 나를 찾아 나가는 작업을 시작하는 게 더 의미 있는 일이다.

마흔, 자신의 가치를 발견하고 혁신적인 성장을 할 수 있는 노마디즘의 사유를 시작할 가장 적합한 때이다.

내면의 나와 마주하기

"야! 꼬맹이, 너 글씨 모르지?"

"이거 읽어 봐."

'뭐라고 쓴 걸까? 똥? 바보? 분명히 놀리는 말일 텐데….'

초등학교 1학년 여름방학이 끝나고 전학 간 첫날, 같은 반 남학생들의 놀림과 수군거림. 내 공책에는 아이들의 낙서들로 아무 말 대잔치가 벌어져 있었다. 하지만 나는 글을 읽을 줄 몰랐다.

'그래, 난 똥 멍청이가 맞아.'

'글씨를 모르니깐 창피를 당하는 게 당연해.'

나는 자책했다. 심하게 구겨진 자존심은 여간해서 잘 회복되지 않았다. 초등학교 때 나는 유난히 잔병치레가 많았다. 뜬금없이 머리가 아프고 이유 없이 배앓이를 자주 해서 엄마를 근심하게 했다. 학교 가기가 싫어서였다.

어린 시절 나는 또래보다 키가 한 뼘이나 작아 왜소했다. 자라는 동안 외모 또한 볼품없었다. 장사에 지쳐 있던 엄마는 우리 형제를 세심하게 보살피지 못했다. 엄마의 바쁜 손길은 그런 나를 더욱 빈약하고 후져 보이게 했다. 더구나 몸이 아파 경제 활동을 하지 않던 작은 키의 아버지는 언제나 부끄러운 존재였다. 아버지는 싸움닭처럼 누군가와 항상 다투고 늘 화를 냈다. 이치에 맞지 않게 고약한 성질을 부리기 일쑤였다.

'아, 창피해서 죽고 싶다. 정말 싫다.'
아버지가 밉고 원망스러웠다.

아버지는 요즘 말로 시대를 앞서가는 아이콘이었다고 한다. 그 당시 청년회 회장으로 리더십을 발휘하며 서른세 살까지 독신주의 삶을 즐기던 분이란다. 부잣집 철부지 막내 도련님이었던 아버지는 대학을 졸업한 후 시청 공무원을 지냈다. 결혼 후 얼마 되지 않아 급작스럽게 병이 찾아오면서 아버지는 피폐해지기 시작했다. 불운하게도 의료 사고를 겪은 아버지는 더 이상 직장생활을 할 수 없었다. 그때부터 자신의 처지를 비관하여 엄마에게 매일 화풀이를 해댔다. 아무리 아버지에게 측은한 사정이 있었기로서니 그렇게 풀어서는 안 되는 일이었다.

만석꾼 집안의 콧대 높은 엄마는 그런 상황을 감당해야 한다는 것이 당혹스럽기만 했을 것이다. 동네에서 훤칠한 키와 절세미인으로 소문난 엄마는 자신감 넘치는 위풍당당한 젊은 시절을 보냈다고 한다. 그런 엄마에게 아버지는 질주하는 폭주 기관차처럼 매일 트집을 잡고 미운 감정을 드러냈다. 세상 무서운 것 없던 당찬 엄마는 남편의 격려와 지지도 받지 못한 채 하루아침에 생계를 책임져야 하는 가장이 되었다. 엄마는 피눈물을 흘리며 세상 매운맛을 경험해야 했을 것이다. 그래도 엄마의 호탕한 성격 덕분에 가게는 날로 번창했고 우리 집 경제 상황은 나쁘지 않았다.

하지만 강압적이고 '우당탕, 시끌벅적'한 아버지의 분노 표출은 그칠 줄 몰랐다. 부모님의 싸움을 자주 목격하는 자녀는 두려움에 떨며

극강의 스트레스를 받는다. 그런 가정환경에서 자란 나는 더욱 쪼그라들었다. 부모님의 신경을 건드리지 않으려고 최선을 다하며 늘 몸을 움츠렸다.

정신분석가 에릭슨은 초등학생 때는 또래 집단에 인정과 관심을 받기 위해 행동한다고 했다. 강렬한 정서 표현의 단계를 잘 거쳐야 건강한 어른으로 성장할 수 있다고 한다. 어린 시절 우리 집은 우환이 끊이지 않아 단 하루도 좋은 날이 없었다. 초등학교 저학년 어느 날부터 엄마의 한풀이를 하루에도 두세 시간씩 들어주어야 했다. 모모처럼. 슬픔에 잠겨 있던 엄마의 마음을 헤아려 주는 착한 딸이어야만 했다. 강렬한 정서 표현의 단계를 잘 거치기는커녕 우울한 엄마의 감정이 내게 그대로 전이되어 가슴에 응어리가 졌다. 열등감이 형성될 수밖에 없는 최악의 구조였다. 뫼비우스의 띠처럼 헤어날 수 없는 무한 반복의 악몽 같았다. 작고 나약한 내가 할 수 있는 것은 성당에 가서 무릎 꿇고 기도하는 것뿐이었다. 전혀 아이답거나 천진난만한 구석은 없었다.

'예수님, 저 울고 있어요. 보이시죠?'
'예수님, 저 너무 슬퍼서 밤마다 베갯잇을 적시며 울고 있어요.'

'예수님, 이런 저를 가엽게 여기셔서 하루라도 빨리 천국으로 갈 수 있게 허락해 주세요.'

'아니면 하루라도 빨리 어른이 될 수 있도록 도와주세요.'

어쩔 도리가 없는 무능과 무기력은 무력감으로 표출되며 가슴 깊게 상흔을 남긴다. 스스로 내면의 자아를 못난이로 낙인찍기도 한다. 무너진 자존감은 고질적인 못난이 병이 생기게 한다. 나는 사는 동안 내내 못난이 병이 자꾸 발현되었다.

청년이 된 나는 눈치가 빠르고 손재주가 뛰어나 전문직 간호사로 인정을 받았다. 그럴 때도 마음 한편에는 항상 걱정과 불안이 자리 잡고 있어 하루도 마음 편한 날이 없었다. 체념의 사슬에 갇혀 나 자신을 도무지 믿지 못했다. 못난이 병으로 내면의 나를 스스로 함부로 대하니 사람들은 더욱 나를 만만하게 대했다. 나는 너무나 미숙하게도 자신의 감정에 충실해야 한다는 걸 몰랐다. 내 마음을 보살펴야 한다는 인식조차 하지 못했다. 깊숙한 내면의 울림을 제대로 살펴볼 겨를도 없었다. 내가 무엇을 좋아하는지, 내가 무엇을 원하는지, 어떤 뛰어난 역량이 있는지 나의 강점을 찾아보기보다 세상에 혼자 내던져진 듯한 쓸쓸함에 더 집중했다. 내 삶의 궤적을 되돌아보면 다른 사람의 눈치를 살피고 비위 맞추기에 급급했던 모습이다. 불혹의 나이가 될 때까지 타인의 감정과 평가에 전전긍긍하며 일희일비했다.

대부분 어른은 화를 내지 않는 것을 미덕이라 믿는다. 나도 당연히 화를 참으며 감정 표출을 억눌렀다. 하지만 자신의 감정을 세심하게 분석하고 표현하는 일에 서투른 '성인 어른이'는 오작동을 발동시킨다. 반드시 어느 순간 불현듯 폭주한다. 성인이 된 후 우리는 감정을 표출할 기회를 부여받지 못한다. 어른답지 못하다는 평판에 갇혀 세련되고 우아하게 화내는 방법조차도 실행해 본 적이 없다. 여러모로 미숙했다. 그렇다면 긍정적으로 화내는 스킬을 제대로 알아야 하지 않을까? 현명하게 화내는 방법을 갈고 닦아야 하지 않을까?

화 잘 내는 방법과 함께 마인드 컨트롤은 매우 중요하다. 사십 대 후반에 『걱정 상자』라는 동화책을 읽은 적이 있다. 근심 걱정이 태산인 도마뱀 주주에게 호랑이 호는 걱정 상자를 만들어 보라고 조언하는 이야기였다. 꼬리에 꼬리를 무는 걱정을 구체적으로 들여다볼 필요가 있다고 작가는 말한다. 새총을 타고 쓩~하고 날아간 걱정은 생각보다 작은 걱정이더라는 것이다. 세련되게 화내고 걱정을 날려 보내는 일은 깊이 생각해 보지 않아도 대단한 스킬이 필요하지 않다는 것을 알 것이다.

『걱정 상자』에는 네 가지 해법이 나온다. 새총으로 날려버리는 것, 예쁘게 꾸미는 것, 가만히 두는 것, 말 한마디 해주는 것. 이 네 가지만 잘해도 마음속의 감정을 적절히 처리할 수 있다. 인생의 문제들도 잘 해결해 나갈 수 있을 것이다. 호랑이 호는 굉장히 현명하다. 문제를 분류할 줄 아는 것 같다. 걱정과 고민으로 얽혀버린 삶의 문제를 해결하기 위해서는 단순화하는 것부터 해야 한다. 100가지 문제가 있어도 단순화하면 3~4가지로 줄어들 수 있다. 또 주변을 의식하는 눈을 자신에게로 돌려야 한다. 사람들의 시선에 신경 쓸수록 문제는 복잡해지고 어린 시절의 나처럼 뫼비우스의 악몽에 시달리게 된다. 눈치 볼 필요 없다.

중요한 것은 바로 나다. 나를 만나야 한다. 그리고 나의 내면 이야기에 귀 기울여야 한다. 진짜 나를 만나야 상처가 보이고 치유도 할 수 있다. 그러면 성장이 찾아오고 새로운 내가 보일 것이다. 건강한 어른이 되어가는 것이다.

나는 나를 만나기 위해 나의 이야기를 쓴다. 나를 놀리던 친구들에게 한마디도 못 해 열등감만 남았던 시절, 엄마 아빠가 맨날 싸워 날마다 불안 속에 살았던 시절, 엄마의 한풀이로 매일 무거운 마음을 안고 살았던 시절, 그 엉망진창의 인생에서 벗어날 방법을 도저히 찾을 수 없었던 시절 등. 행복이라는 것이 도무지 뭔지 알 수 없었던 그 시절의 이야기를 써본다. 나의 내면을 쓰는 것이다. 아직도 나오지 못한 숨어 있는 나의 마음도 써본다. 그러면서 나는 나를 치유하고 있다. 고민을 단순화하고 문제를 하나씩 해결해 나가고 있다. 틀림없이….

아마 그 시절에 나의 이야기를 들어주는 사람이 한 사람이라도 있었다면 좀 더 쉽게 걱정과 불행의 늪에서 빠져나오지 않았을까. 그래서 지금 나는 다른 사람의 이야기를 들어주며 산다. 온통 불행으로만 가득 찬 마음을 가진 사람들의 이야기를 듣는다. 그러면서 그들이 단순하게 문제를 볼 수 있도록 돕는다. 자신을 만날 수 있도록 함께해 준다.

동시에 나는 오늘도 나를 돌아본다. 나를 파묻었던 걱정, 옴짝달싹 못 하게 만들었던 열등감, 움츠러들게 했던 두려움들. 나를 돌아볼 때마다 떠오르는 일들이지만 이제는 그것들이 나를 붙잡지 못한다. 나는 나의 이야기를 스스로 들을 수 있게 되었고 남의 평가에 기대지 않기 때문이다. 그것들은 더 이상 큰 문제가 되지 못한다.

"이제 난 그 기억을 마음에 새긴 채,

앞으로 나가는 방법을 안다.

내 안에 남을 기억들이 흉터가 아닌 추억이 될 수 있게,

지금, 이 순간을 아름답게 살아내면 된다는 걸 말이다."

― 드라마 〈그 남자의 기억법〉 중에서

$$3$$

변화를 넘나드는 삶

"바위는 아무리 강해도 죽은 기고, 계란은 아무리 약해도 살은 기라꼬, 바위는 뿌사지가 모래가 돼도 계란은 깨어나서 그 바위를 넘는다, 그카는 얘기는 모릅니까?"

– 영화 〈변호인〉 중에서 박진우의 대사

눈치 보며 주눅 들어 살아왔던 순간들. 비빌 언덕도 없이 세상에 홀로 던져진 듯한 힘겨운 삶의 여정. 내게 매 순간들은 두렵고 고달팠다. 그러나 불혹이 지난 지금의 나는 살아남는 법을 안다.

'닥치고 하자.'

'성큼성큼 무조건 전진하는 거야!'

숱하게 겪어본 무력감, 무시와 차별당한 경험은 몸서리쳐지는 자괴감을 불러온다. 그러나 역설적으로 독기가 생겨 잘 살아내게 하는 동력이 되기도 한다.

"역경은 결심을 단단하게 만들 수 있고 실패는 기회가 될 수 있다."

오프라 윈프리가 2013년 하버드대학교 졸업 연설에서 말했듯이 내 인생 경로에 실패는 없다. 나 스스로 실패의 순간이 오면 맷집이 좋은 나는 벌처럼 신속하게 날아서 나비처럼 우아하게 앉는 방법을 선택해왔다. 20세기 최고 권투선수 무하마드 알리가 말한 "나비처럼 날아서 벌처럼 쏜다."와 반대다.

항상 긍정적이며 낙천적이라는 평가를 받는 지금의 나. 나는 삶을 살아오는 동안 역경이 닥치면 해결하는 방식이 어느 정도 시스템화되어 있는 것 같다. 맨 처음, 문제를 직시한다. 이어서 Yes인지 No인지, 해야 할 일인지 하지 않아도 될 일인지, 기회비용은 얼마고 소모비용은 얼마나 들지, 하고 싶은 건지 하기 싫은 건지를 결정하기 위한 선명하고 간결한 체크리스트를 만든다. 그리고 우선순위부터 해결해 나간다. 감정을 소모하며 찌질하게 울고 앉아 있지 않다. 방책을 마련하고 최선을 다한다. 과정을 거칠 때 효율을 최대화한다. 나 스스로 최선을 다했으면 결과에 연연해하지 않는다. 허리케인급 역경은 늘 있었지만, 이런 방법으로 시행하다 보면 대부분 기대한 결과 이상이 나왔던 것 같다.

그리고 나는 힘든 순간이 오면 명상에 집중한다. 성당으로 달려가거나 숲속에 혼자 앉아서, 때로는 텃밭에서 풀을 뽑으며 차분히 템포를 늦추고 숨고르기를 한다. 그렇게 생각이 정리되면 감정 소모 없이 일시에 고효율로 문제를 해치운다. 평소 생각이 번뜩일 때마다 끄적이는 습관 또한 큰 도움을 준다. 쌓인 경험과 기억을 끄적이는 행위는 인생의 표지판이 되어 방향을 잃지 않고 나아가게 한다.

어른이 된 지금. 명상과 더불어 책 읽기와 수없는 메모 그리고 생각을 즐기게 되었다. 생각을 잘게 잘게 쪼개서 분석하되 감정을 개입시키지 않으려고 애쓴다. 확신이 들면 그때 도전적인 태도로 추진력 있게 실행한다. 어느 영화의 명대사인 "뭣이 중헌디."를 새기면 부질없는 것에 집착하지 않을 수 있다.

어른이 되었다고 해서 이런 사고와 태도가 바로 된 것은 아니다. 엄청난 역경과 시련이 닥쳐올 때마다 무너지지 않으려고 고뇌한 성과이다. 나는 고난의 태풍이 휘몰아칠 때마다 태풍의 눈에 들어가기를 기다려 잠시 숨을 고른다. 이윽고 여유를 갖는다. 다시 세찬 폭풍이 휘

몰아칠 때는 희망의 소나타를 꿈꾸며 한 걸음 한 걸음 묵묵히 나아간 결과물이다.

'실패는 없다. 실패는 없다.'

이 말을 주문처럼 외우며 스스로 해낼 수 있다고 끊임없이 암시한다. 아름다운 꽃을 보려면 앉은 자리를 바꿔야 한다는 생각으로 인생의 방향을 새롭게 바꾸어 나갔다. 그렇게 슬기롭게 각성한 나는 인생의 변곡점을 맞았다. 변화의 기회가 오면 그것을 올라타야 한다. 포기와 좌절의 숱한 주먹질을 온몸으로 받아내더라도 변화에 올라타야 한다. 인생에는 두 번째 기회가 없을지도 모르기 때문이다.

나는 고등학교 입학시험 제도가 있던 시절에 중학교를 다녔다. 지방 소도시에서 자라 인문계 고등학교가 딱 한 군데밖에 없었다. 대학에 진학하기 위해서는 중학교부터 입시경쟁을 치러야 했다. 유독 인문계 고등학교로 진학률이 높은 명문 중학교가 있었다. 명문 중학교에 입학을 많이 시키는 명문 초등학교도 있었다. 나는 해군 장교 자녀가 많이 다니는 명문 초등학교에 다니고 있었다. 그 당시 엄마들의 치맛바람이 심했다. 과열된 입시 준비로 초등학교 고학년이 된 후 매달 월말고사를 봐야 했다. 담임 선생님들도 경쟁했다. '어느 선생님 반에서 전교 1등이 나왔다더라. 몇 반 전체 평균이 몇 등이더라.'라며 교무실 앞 게시판에 전교 1등부터 50등까지 석차를 공개했다. 지금은 웬 반인권적 행태냐고 하겠지만 등수 공개 덕분에 내 인생은 반전의 순간을 맞이했다. 한 학년이 9반까지 있었고, 한 반에는 60명 정도가 함께 공부했다. 전교 50등 순위에 오르려면 적어도 반에서 5등 안에는 들어야 했다.

5학년 때 성적을 처음으로 공개한 날, 내 이름이 전교 30등대 후반으로 올라가 있었다. 아이들은 "와~ 너 공부 못 하는 거 아니었어? 대단하네."라며 관심을 보였다.

'공부 못하는 거 아니었어?'라니. 나에 대한 아이들의 인식이 충격적이었다. 키가 작고 내성적이라 의사 표현을 제대로 하지 못한 것은 있었지만 내가 그렇게 받아들여지고 있었다니 왠지 억울했다. 장사하는 엄마 때문에 내가 열등한 존재로 낙인찍혀 있던 것일까. 오기가 생겨 더욱 열심히 공부하게 되었다. 등수는 계속 올랐고, 그럴수록 담임 선생님과 아이들의 대접도 달라졌다. 한 번 해낸 성취로 계속해서 더 해내고 싶었다. 곧이어 우등생이 되었다. 그 이후 모든 일에 도전하고 싶었고 내 주변의 상황을 바꾸고 싶어졌다.

고등학교를 선택할 때 엄마는 나에게 상업계 고등학교로 진학해 하루라도 빨리 가정 경제에 도움을 주는 장녀 노릇을 하라고 했다. 예전 같으면 그렇겠다고 했겠지만, 엄마의 말이 마음에서 받아들여지지 않았다. 인문계 고등학교에 가서 대학까지 진학하고 싶었다. 엄마를 설득해야 했다. 하지만 나에게 조언 해주는 사람은 아무도 없었다. 나 혼자 해내야 했다. 부딪혀 보기로 결심하며 나는 엄마에게 세 가지를 말했다.

첫째, 고등학교와 대학교는 전액 장학금으로 다니겠다.

둘째, 대학은 집에서 통학할 수 있는 간호대학으로 하겠다.

셋째, 취업이 늦겠지만 간호사는 취업이 잘 되는 데다 전문직이어서 급여도 높으니, 상업고등학교에 가는 것보다 장기적으로는 훨씬 큰 보탬이 될 것이다.

결국 엄마는 허락하셨다. 뭔가 달라지고 당찬 모습의 딸이 새롭게 느껴졌을 것이다.

'기특해~ 기특해~.'

나는 지금도 어린 시절의 나를 칭찬한다. 꿈이 있다면 스스로 환경을 변화시키며 나아갈 수 있다. 기질상 호기심이 많고 탐구심과 향학열이 높았던 나는 이렇게 인문계 고등학교로 진학할 수 있었다.

'진희야, 참 힘들지? 어쩌겠어. 네가 부모 복이 없는걸! 어쩔 수 없

잖아. 흙수저인데. 그냥 다들 그런 하찮은 인생을 살고 있잖아.'

어쩌면 이렇게 살았을 수도 있었겠다. 그러나 미리 포기하지 않았다. 포기하지만 않는다면…. 내 인생이 가장 소중하고, 내가 변화시키며 만들어 갈 수 있다는 걸 안다. 넋두리 대신 이렇게 당당하게 말할 것이다.

"벌처럼 열렬하게 꿀을 모을 테야. 부당한 일이 있거나 방해가 있으면 강력한 벌침으로 한 방 먹이면 돼! 열심히 겨울 채비를 다 끝내면 우아한 나비처럼 내 삶을 누리겠어!"

$$\text{④}$$

성큼성큼 성장의 발걸음

"우리 종은 지금까지 그래온 것처럼 성공의 서사를 이어나갈 수 있을까? 아니면 태양을 향해 날아가다 밀랍으로 만든 날개가 녹아 추락해 버린 이카로스처럼 찰나의 영웅이 되고 마는 것일까?

― 『사피엔솔로지』, 흐름출판, 송준호

나는 '호모사피엔스' 종으로 '슬기로운 인간'이 되기 위해 부단히 노력한다. 마흔이 훌쩍 넘은 지금, 삶의 방향을 관성의 법칙을 이용해 세밀하게 조절할 수 있는 지금, 늘 꼬리에 꼬리를 무는 생각이 습관이 된 지금, 지금, 이 순간 깊이 있게 사고하면 대개 결과는 긍정적인 방향으로 흘러간다. 이런 사고가 증폭적으로 확장된 것은 대학생 때부터 훈련한 결과이다. 사고하는 인간으로 체화되기까지 내게는 다채로운 서사가 있었다.

고등학교를 졸업한 나는 그토록 원하던 간호학과로 진학했다. 입학하면 꿈에 그리던 대학 생활과 캠퍼스의 낭만을 기대했다. 수업 시간에 마음 맞는 친구들과 땡땡이도 치고, 다른 과에 몰래 잠입해 도강(청강)도 해보고 싶었다.

하지만 간호학이라는 학문 분야는 너무 광범위해서 공부 분량이 엄청났다. 기대와 달리 수업 시간표는 고등학생 때와 별반 달라진 것이 없었다. 오전 9시부터 오후 5시까지 두세 시간씩 연속강의가 지속됐다. 간호학 실습 교과목 시간에는 학우들끼리 서로의 팔에 혈관 주사를 놓는 연습을 하며 마루타가 되는 시간이 있었는데, 특히 곤욕이었다. 비위가 약했던 나는 해부학 과목을 배울 때 섬세한 인체 해부 그림이 무척 낯설게 느껴졌다. 교수님들은 학생들이 각자 본인의 과목만 수강하는 듯 과제량도 상상을 초월하게 내어 주었다. A4 용지 100페이지 손으로 써서 과제 해오기, 파파고나 구글 번역기도 없던 시대였는데, 의료전문가나 이해할 법한 외국 의학서적 번역해 오기 등 다양하게 과제를 내고 평가했다.

다행히 우리 과 선배들은 후배들의 알찬 대학 생활을 위해 '슬기로운 대학 생활' 노하우를 전수해 주었다. 우습게도 그중에 의학서적 번역하기의 과제를 위해 1학년 때 타 대학 영문과 대학생들과 단체 미팅을 하면 도움을 받을 수 있다는 꿀팁도 있었다. 여러 신나는 학과 생활과 에피소드가 많았지만, 나는 간호학 공부 자체는 너무 싫었다. 정말 재미없었고 적성에도 맞지 않았다. 공부하기 싫으니, 잡생각이 많아져서 방황이 시작됐다. 대학생 때 늦은 사춘기가 극렬하게 찾아온 것이다.

올무에 매인 듯한 청소년기를 벗어나 대학생이 되니 조금 자유로워져 내가 관심 있는 일과 나 자신에 대해 숱하게 생각하고 또 생각해 볼 수 있었다. 사춘기 열병을 앓는 미완의 소녀처럼 '나는 누구인가?', '나는 왜 태어난 걸까?', '내가 살아가는 이유는 무엇인가?', '내가 살아갈 날은 어떠할까?' 수많은 질문을 마구 던져 보았다. 그러던 중에 고등학생 때까지 몹시 소심하고 내성적인 성향으로 존재감 하나도 없던 내 모습이 싫다는 생각이 막연히 들어 나를 완전히 개조하겠노라 다짐하게 됐다. 누가 가르쳐 주지 않았는데 그리고 어떤 계기도 없었는데 어느 날 문득 무엇인가를 깨닫는 순간이 종종 있다. 끝나지 않을 듯한 답답한 계단을 계속 걸어가고 있는 어느 순간. 묵묵하게 뚜벅뚜

벅 걸어가다 보면 기특하게도 나는 한 계단 위로 점프하며 올라선다. 천성이야 변하지 않겠지만 그 순간 새로운 나로 탈바꿈하고 싶다는 갈망과 노력이 보태어져 좋은 결실을 본다. 이런 생각과 꾸준한 노력은 내 인생 궤적에서 비약적인 성장을 가져오는 발판이 되었다. 대학교 1학년 때부터 이어진 성격 변화를 위한 도전은 내 인생에서 가장 잘한 첫 번째 성공담이다.

'새로운 나 자신 되기'를 목표로 대학교 입학 후 나는 줄곧 창피함을 무릅쓰고 무조건 손을 들어 발표했다. 물론 처음에는 정말 죽을 맛이었다. 학과의 모든 일에도 적극적으로 나섰다. 그러다 보니 당시 같이 공부하던 간호과 학우들이 200명이었는데, A반의 대표를 맡게 되었다. 내향적 성향인 내가 처음으로 만장일치로 임원이 된 것이다. 나는 신입생 때 가톨릭학생회 동아리에 가입했다. 가톨릭학생회 내에는 소모임으로 풍물패가 있었다. 사물놀이와 탈춤도 열성적으로 배웠다. 그 와중에 사회문제 연구회 모임도 하며 공부 외 활동에 누구보다 열성적으로 참여했다.

어느 날 총학생회 기획부장을 제안받아 학생회 임원이 되어 열정적으로 활동했다. 내가 했던 학생회 임원 활동을 한마디로 평가하면 '가

열하게 불태웠다.'라고 표현하면 맞을 것이다. 그 시절은 학생운동이 활발하던 때여서 학과 공부는 항상 뒷전이었다. 며칠씩 집에 가지 않았던 적이 많았고, 강의도 빼먹는 날이 수두룩했다. 심지어 엄마가 학교로 찾아와 학생회 선배를 만나 "어쩌다 우리 딸이 빨갱이가 됐는지 모르겠지만, 우리 딸은 공부만 하던 순진하고 착한 딸이니깐 그만두게 해 달라."고 부탁하던 해프닝도 있었다. 당연한 결과로 학점은 엉망진창이었다. 그래도 나는 소심한 성격 탓에 같이 활동했던 친구들은 학사경고를 한두 번씩 받았는데, 낙제 과목이 한 과목도 없었다. 강의를 들을 시간이 없어 빼먹기 일쑤였는데도 잠을 쪼개 가며 매번 과제를 내고 시험을 봤다. 그런 나를 친구들은 낄낄대며 칭찬했다.

학생회 활동의 경험은 나를 비약적으로 성장시켰다. 그렇게 자신감이 조금씩 회복된 나는 청년기 이후 '리더십을 발휘하는 멋진 나 자신 되기'에 한 발짝 다가서며 반짝반짝 빛나기 시작했다.

다행히 내가 대학 졸업하던 시기는 사회 경기가 좋았다. 학과 공부를 열심히 하지 않아 학점이 나빠도 누구나 간호사로 취업할 수 있던 때였다. 간호사가 되기 위한 마지막 관문으로 국가고시 면허를 취득해야 했다. 나는 벼락치기로 몇 달 공부해서 간호사 면허를 너끈히 취득했다. 사실 간호사 면허시험은 국가고시이지만, 우리 대학에는 유능한 교수님들이 계셨다. 족집게 예상 문제 보충수업 덕분에 학과 공부를 끝마치면 98% 합격률을 자랑했다. 나는 불합격자 2%에 해당하지 않고 운 좋게 간호사가 되었다.

똑똑함 그리고 현명함

"똑똑한 사람들은 원하는 것을 얻기 위한 방법을 강구하였고 현명한 사람들은 원하지 않는 것을 판단해서 상황을 조율합니다.

원하는 것에 집중하면 개발과 창조가 가능하고 원하지 않는 것을 판단하면 절제가 가능하죠."

– 마윈, 알리바바 창업자

대학을 졸업한 후 줄곧 나는 똑똑하고 현명한 사람으로 살고 싶은 욕구가 강했다. 매슬로우는 인간의 욕구를 5단계로 분류했다. 내게는 인간의 욕구 중 최상위 단계인 자기실현의 욕구를 뛰어넘는 6단계쯤 될법한 '배움'의 욕구가 있다. 그래서 내 인생에는 끊임없는 '배움'이 있었다. 배움을 통해 나의 정체성을 찾고 또 다른 진로를 찾고 싶었던 것 같다.

항상 유치원생이나 어린 자녀들에게도 배울 점을 찾았다. 오가는 낯선 타인이나 어떤 사건, 사회 현상, 자연 속에서도 탐구심을 발휘해서 적극적으로 배운다. 성장의 속도가 더디게 느껴지지만 그렇게 탐색하다 보면 조바심만 내지 않으면 조금 더 나은 내가 되어 있다.

'나 좀 괜찮은데? 나 좀 멋있는 것 같은데?'라며 어느 순간 스스로 칭찬하고 있는 나를 발견한다. 오십이 다 된 지금도 내 적성에 맞는 진로를 찾기 위해 끝없이 배우고 도전하며 모험한다.

배움을 통해 성장할 수 있다는 것을 아는 나는 자격증을 20개도 넘게 취득했다. 신중하게 관심 있는 주제를 탐닉하며 전문가가 되고 싶어 공부한 적도 있었지만, 단순한 호기심과 느낌 가는 대로 강좌를 신청해서 들었던 적도 많았다.

"아무렴. 어때?"

나는 무엇을 배우든 함께 공부하는 수강생들과 친밀감을 곧잘 형성했다. 학창 시절 그토록 바랐던 극 외향의 나를 발산한다. 그리곤 사회 공동체 속에서 살아 숨 쉬고 있는 나를 발견한다.

처음 자격증을 취득한 계기는 잠시 경력 단절로 동네 언니들과 동네방네 놀러 다닐 때였는데, 조금 더 보람 있는 일을 해보고 싶어서였다. 주부라면 누구나 할 수 있는 요리이지만 '한식 조리사' 자격증을 따서 요리에 진심을 담은 한식 요리 전문가가 되어보고 싶었다. 그런데 이론과 실기를 한방에 턱턱 붙고 난 직후 운전면허증과 함께 장롱에 고이 모셔두었다. 요리를 완성한 후 느끼는 보람보다 번거로운 식재료 수급과 다듬고 설거지하는 일이 더 힘들다는 판단에서 무용지물이 되었다.

나는 계속 다양한 자격증을 취득했다. 다른 직업으로 돈벌이해서 간호사를 때려치우고 싶어서였다. 비교적 손재주와 공감 능력이 뛰어나 간호사 업무는 적성에 딱 맞았다. 그러나 유독 아침잠이 많아 3교대 근무는 체력적으로 힘에 부쳤다. 또 내 근무 시간에 딱 떨어지게 일을 완성해서 매듭짓는 업무 형태가 아닌 점도 힘들었다. 업무 특성상 간호사 업무는 내 업무 시간에 실수하거나 업무를 완료하지 못해도 정해진 업무 인수인계 시간이 되면 다음 근무자에게 일을 넘겨야 한다. 능력이 안 되거나 여건이 안 되어 미완성한 채로 일을 넘기는 횟수가 많아지면 어느새 무능력하고 책임감 없는 사람으로 낙인찍히게 된다. 아무도 민폐 끼치는 것을 원하지 않을 것이다. '미필적 고의' 민폐녀가 되어 태움을 받거나 쑥덕거리는 동료들 속에 눈치 보며 자신감이 실추되기도 한다. 일도 빡빡하게 힘든데, 동료와의 관계까지 힘든 상황 속에 간호사를 해야 하는 경우가 다반사다. 나는 그런 간호사 직업이 싫어 다시 병원에 돌아가지 않으려고 일부러 물리적으로 늦둥이를 출산하는 극단의 조처를 했다.

이후 시대에 발맞춘 새로운 직업을 찾기 위해 노력하던 나는 직업훈련학교를 6개월간 다녔다. 둘째를 임신하고 6개월간 오전 9시부터 오후 5시 30분까지 오토매틱 CAD. 포토샵, 조경 도면 그리기와 나무 심는 법 등 조경설계 학과에서 다양한 배움을 했다. 미술품과 건축물에 관심이 많아서인지 조경학을 배우는 동안 내내 즐거웠다. 결석과 지각 한번 없었고 '룰루랄라' 콧노래를 부르며 매일 직업훈련학교 학생이 되어 공부했다.

나를 아는 사람들에게는 웬 조경설계 학과냐고 생뚱맞게 느껴지겠지만, 처음에는 남편에게 혹여나 도움이 되면 좋겠다는 심정으로 직업훈련학교에 다니기 시작했다. 대학에서 건축설계 학과를 졸업한 남편은 건축설계사무소를 다닌 후 인테리어 회사를 차렸는데, 적성에 맞지 않아 힘겨워하고 있던 시기였다. 남편 또한 삼십 대 후반까지 진로를 찾기 위해 고군분투하고 있었다. 나는 직업전문학교에서 기수 총무를 맡으며 학생들과 원만하게 교류하였다. 수고한 공을 인정받아 수료하는 날 우수인재상도 받았다. 그때 함께 공부한 유능한 젊은 친구들도 나를 잘 따랐는데, 남편에게 소개해 주었다. 이후 남편이 조경설계 디자인 회사를 창립할 때 인력풀이 되어 수월하게 회사를 운영할 수 있었다. 젊은이들이 패기로 뭉친 회사는 초기에는 눈덩이를 뭉치는 고통과 어려움이 있었지만, 국가정책사업을 수주받은 이후부터는 뭉친 눈덩이를 굴리며 3년이 채 되지 않아 50억 매출을 올리며 흑자 경영을 하게 되었다.

7년째 되던 해 끝없이 찬란하게 빛날 것 같던 회사는 신뢰하던 거래처 대표가 비도덕적으로 법인을 부도 처리한 후 도망가는 바람에 자금이 막혀 회생 불능 상태가 되었다. 마침 경기 침체도 지속되었고, 회사 운영 경험도 부족해 남편은 말 그대로 쫄딱 망했다.

공자님 말씀에 따르면 세상 유혹에 흔들림 없다는 '불혹'의 나이인 마흔. 하지만 돈 없는 중년기의 마흔은 세상 풍파에 한없이 초라하게 시달리는 '미혹'의 마흔이 된다. 우리 부부의 사십 대는 진절머리 나는 나날의 연속이었다. 세상에 공짜는 없어서 똑똑함이라는 것은 이런 진절머리의 끝에서나 볼 수 있는 게 분명해 보인다.

자유 속의 몰입,
노마디즘의 행복 찾기

"인생에서 가장 중요한 두 날은 태어난 날과 그 이유를 알게 된 날이다."

우리가 살아가는 삶의 의미와 목적을 찾도록 도와주는 철학. 마크 트웨인의 철학적 사고에서 비롯된 명언이다.

나는 인생을 단추 달린 셔츠를 완전하게 채워 입는 것과 같다고 생각한다. 하나씩 하나씩 단춧구멍에 제대로 단추를 채워 나갈 때 비로소 모양새가 난다. 그 과정은 반드시 신중하게 그리고 집중해야 한다. 나는 폼생폼사 주의는 아니지만 자기 결정권이 생기게 된 청년기 이후부터의 내 모습은 늘 멋있었으면 했다. 그러기 위해 모든 일상을 엇나가지 않도록 기민하게 살피고 기술을 터득해서 단추를 잘 채워 나갔다.

'어라~이상하네? 단추를 채우면 채울수록 왜 옷맵시가 나지 않는 걸까?'

'더디게 가더라도 잘못된 부분이 있다면 다시 풀고 새롭게 채워야 하지 않을까?'

그래서 어른으로 성장한 나는 학창 시절을 자주 되돌아보곤 했다. 첫 단추를 어떻게 채웠는지 자꾸 되짚어 보아야 했기 때문이다.

그러나 마흔으로 접어들 때까지 나는 첫 단추가 잘못 채워졌음을 전혀 눈치채지 못했다. 그저 엉망진창인 옷맵시가 짜증 나고 절망스러울 뿐이었다. 무엇인지 알 수 없는 불편함과 어색함은 자존감을 떨어뜨리게 하는 일등 공신이다. 나에 대한 믿음도 확신도 없게 만든다. 다행히 마흔 후반이 되어서야 셔츠가 왜 틀어졌는지 깨달았다. 단추 채우기 프로젝트가 헛수고가 되지 않기 위해 첫 단추를 풀어 다시 제대로 채워 넣었다.

한창 비틀즈 노래 〈노르웨이의 숲〉에 심취했다. 또 무라카미 하루

키의『상실의 시대』를 탐독하였는데, 하루키 작가가 전해주는 담백한 명언은 울림을 준다.

"비스킷 통에는 여러 가지 비스킷이 가득 들어 있는데, 거기엔 좋아하는 것과 그다지 좋아하지 않는 것도 있잖아?"

"먼저 좋아하는 것만 자꾸 먹어버리면, 나중엔 그다지 좋아하지 않는 것만 남게 되거든."

괴로운 일이 생길 때 지금 이걸 겪어 두면 나중에 편해진다고 한 작가의 말에 안심이 되었다. 무엇보다 인생을 비스킷 통에 비유한 작가의 시선이 좋았다.『상실의 시대』에서 말하는 인생의 비스킷 통은 누군가 말한 질량 총량의 법칙과 유사한 것 같다. 나는 책을 덮을 때 청소년기까지 내가 미리 겪어 둔 불운이 희망이 되는 반전의 순간을 맞이했다. 이제부터는 남아 있는 맛있는 비스킷만 먹을 수 있으니까, 앞으로 남은 인생은 참으로 기통차게 즐겁지 않을까 생각해 보았다.

내 첫 단추 채우기 오류의 일부분은 질풍노도의 사춘기를 제때 겪지 않아서이다. 격정적으로 감정을 표현하고 돌출 행동을 잠깐이라도 해봤다면, 그랬다면 어른이 된 후 줄곧 세련되고 능수능란한 삶을 살았을 것이다. 올가미에 옭아 매어진 답답한 일상에 일탈이 없던 삶은 무미건조하고 우울하기만 했다. 시도 때도 없이 우울함이 찾아오면 내 정신력은 나약하게 벼랑 끝에 가서 매달렸다. 그럴 때면 우울을 극복하기 위해 항상 꿈을 꾸며 그 순간의 상황을 모면해 보려고 애써야 했다. 조금 더 나은 삶으로의 목적성을 달성하기 위해 '배움'을 선택하면서부터는 긍정적인 자세로 풍요로운 가상의 미래를 상상하며 회복탄력성을 발휘해 본다.

마흔 후반이 되어 나는 본격적인 배움을 하고 싶어 대학원에 진학했다. 청년기 이후 언제나 운 좋은 나는 교육학 박사 과정 때 훌륭한 교수님들께 지도받을 수 있었다. 거의 모든 교수님은 사고의 중요성을 깨닫게 해주었다. 인문, 지식, 철학 등 학문적 화두를 던져 굳어져 있는 내 지성에 파문을 일으키며 생각을 마음껏 발산할 수 있도록 해주었다. 또 나의 약점에 집중하기보다 강점을 더 크게 키우며 당당하게 그리고 자부심 넘치게 지성인으로 살아갈 수 있다는 확신을 해주었다.

내게 '배움'의 의미는 처음에는 과거로부터 탈피하기 위한 막연한 희망이었다. 새로운 지식이 쌓이고 그로 인해 양질의 전환을 가져온 한층 발전된 나를 발견하는 경험은 더없이 기쁜 일이다. 발전된 나를 경험하며 자기화가 되었을 때 자기 정체성을 찾는다. 지금의 나는 사고하는 것을 즐기며 향유한다. 특정한 가치와 삶의 방식에 얽매이지 않으려 한다. 끊임없이 새로움을 찾아가는 사유의 여행인 노마디즘 속에서 자유로움을 느낀다.

아마도 로댕이 현세에 작가로 활동하고 있다면 '생각하는 사람'의 여자 버전의 모델은 나일지도 모른다.

어느 날 『노인과 바다』를 읽다가 한 구절이 가슴에 박혔다.

"인간은 패배하도록 창조된 게 아니야. 인간은 파멸할 수는 있을지 몰라도 패배할 수는 없어."

산티아고 노인의 이야기를 통해 소명 그리고 패배하지 않는 삶에 대해 깊이 생각해 보았다.

농사는 1년을 주기로 하므로 상대적으로 그날그날의 결과에 대한 압박이 덜할 수 있다. 반면 어업은 한번 조업에 나가 바로 결과물이 나타나지 않으면 초조해지고 초라해질 수 있을 것 같다. 왕년에 아주 잘 나갔던 사람이라도 80일 넘게 고기를 못 잡았다면 그 바다에서는 한물간 사람 취급받는 것이 자연스럽겠다.

그러나 희망을 포기하지 않는다면 결국 고기는 나타난다. 포기하고 바다에 나가지 않는 어부는 패배하여 이미 어부가 아니지만, 바다에서 파멸할지언정 매일 자신을 준비하는 사람은 누가 보아주지 않더라도 영원히 어부인 것이다.

비록 찬란한 성공의 순간이 길지는 않지만, 파도처럼 끝없이 밀려오는 삶의 고비들에 최선을 다해 맞서고 결과에 연연하지 않고 집에 돌아와 푹 쉬는 산티아고 할아버지같이 하루하루를 살아낸다면 영원히 어부인 것이다.

산티아고는 스스로 어부인 것이 타고난 운명이라고 생각한다. 어부는 물고기를 잡아야 한다. 그것이 어부의 존재 이유일 것이다. 어부를 자신의 운명이라고 생각하고 그 운명에 주어진 하루하루를 습관처럼 담대하게 감당하는 산티아고의 모습에서 '소명'이라는 단어가 떠오른다.

소명이란 무엇일까?

내가 나에게 가하는 힘일 수도 있겠다. 소박하다 못해 초라하기까지 한 환경과 처지임에도 산티아고는 한탄과 불평이 없다. 게다가 노인이 기운찬 눈빛을 유지할 수 있게 하는 힘, 그 힘의 근원이 바로 소명 아닐까.

소명을 알아차릴 수 있다면 산티아고의 말처럼 인간은 파멸할 수는 있어도 패배하지 않을 수 있을 것이다.

Chapter 5

김수진 이야기:
플랫폼의 시작,
마케팅의 기본이다

블로그는 개설하고 플랫폼의 가치가 생길 때까지 제대로 운영하기까지 결코 쉽지 않다. 그러나 완성형 블로그는 원장 대신 24시간 공부방 업무를 처리하는 유능한 홍보 마케팅 직원으로 쓸 수 있다. 그렇다면 어떻게 하면 학원 블로그를 잘 운영할 수 있을까? 그 해답은 전략적인 블로그 운영에 관한 공부에 있다. 시험 문제를 잘 풀려면 출제자의 의도를 파악해야 하는 것처럼 네이버 블로그에서 상위 노출하려면 네이버에 대한 이해가 반드시 필요하다.

$$\left(\begin{array}{c}1\end{array}\right)$$

학원 마케팅, 블로그가 답이다

나는 2년간 운영한 브레인공부방을 코로나 시작과 동시에 폐업했다. 모든 것을 다 포기하고 싶었던 그때 남편이 집 앞 상가로 나를 데리고 갔다. 아파트 맞은편 상가 1층에 5.5평 정도의 작은 교습소 자리를 보게 되었다. '내가 다시 할 수 있을까?'라는 생각으로 망설일 때, 남편은 말없이 내 손을 꼭 잡아주었다. 잔뜩 움츠러든 나에게 남편은 그렇게 용기를 주었다.

창업 비용이라곤 한 푼 없으면서 덜컥 보증금 1,000만 원에 월세 55만 원인 상가를 계약했다. 3월이면 '신학기 학생들로 가득하겠지'라고 상상하며 두 달을 준비했다. 교습소를 열고 순식간에 7개월이 지났다. 창업 준비기간까지 따지면 총 9개월의 시간이 그렇게 지나간

셈이다.

　나는 학생이 오지 않아 초조한 마음으로 네이버 카페 검색창에 '학원 홍보 방법'이라는 검색어를 쓰고 엔터를 눌렀다. 비록 작은 교습소지만 교습소를 운영하기 위한 최소한의 운영비조차 나오지 않는다는 사실에 무척 힘이 빠지던 때였다. 2011년 카카오스토리에 육아일기를 적던 어느 날 동생이 한 말이 생각났다. "언니가 생각하는 내용을 블로그에 써 보는 건 어때? 내가 요즘 교류하는 이웃 중에서는 블로그를 통해 책을 낸 사람도 있어." 동생의 말을 들을 때까지만 해도 그건 특별한 사연이 있는 어떤 사람들의 이야기일 뿐이라고 여겼다. 문득 갑자기 그 이야기가 떠오른 건 내 카카오톡에 연동된 과거의 카카오스토리 기록을 보게 된 이후였다.

　누군가와 약속을 잡기 위한 장소를 섭외할 때도 네이버로 검색한다. 그곳을 다녀온 블로거의 글을 읽어 보고 음식 사진 등을 참고해서 그곳을 갈지 말지 결정한 일이 나에게도 자주 있는 일이다.

　네이버는 대한민국 인터넷 생태계의 약 70% 이상의 검색 점유율을 가졌다. 그런 곳에서 사업을 홍보할 수만 있다면 어떨까? 네이버 블로그 운영이 공부방 홍보에 분명 도움이 된다는 사실은 누구나 알 것이다. 나는 그런 기본적인 사실조차 남보다 늦게 깨달았다. 심지어 나는 네이버에 회원가입조차 되어 있지 않았다.

나에게 블로그란 아이들의 성장을 기록하거나 물건을 구매한 후 후기를 쓰는 정도의 창구였다. 지금 생각해 보면 일기장 용도로 사용한 셈이다. 아이를 키우는 엄마들에게 '100일의 기적'이 있다면 초보 블로거들에게는 '100일 포스팅'이라는 게 있다. 초보 블로거의 경우 매일 100일 동안 하루도 거르지 않고 블로그에 글을 쓰면 블로그가 활성화된다고 말한다. 그런 이유로 100일 포스팅은 사람들이 도전하는 블로그 과제 중 하나이다. 나 또한 100일간 쉬지 않고 블로그 포스팅을 했다. 블로그 일일 방문자가 겨우 3명이었던 블로그를 소생시키기 위해 꾸준히 글을 썼다. 블로그에 관심이 있다면 어디선가 이런 말을 들어본 적이 있을 것이다. 상위노출을 하기 위해 반복되는 키워드 노출과 정해진 글자 수를 채워야 하고 사진과 동영상 첨부까지 해야 한다는 떠도는 말을 공식처럼 믿고 글을 썼다. 그것도 작심삼일이라고 했던가. 결국 한 달을 채우지 못하고 블로그 100일의 포스팅 도전은 끝나고야 말았다.

2020년 2월의 어느 날, 코로나로 인해 초등학생 개학을 연기한다는 내용의 문자를 한 통 받았다. 문자를 읽으며 문득 이런 생각이 들었다. '개학 연기라니! 코로나가 이 정도로 심각한 거야? 당장 출근도 해야 하는데 아이들 점심은 어떻게 챙기고 학교 온라인 수업은 어떻게 하지?' 이런 복잡한 감정이 스치며 동시에 나와 같은 초등학생 학부모들 모두 같은 마음일 거라는 생각이 들었다.

그때 번뜩이는 아이디어가 떠올랐다. 문자의 내용을 읽고 난 다음의 내 상황과 감정에 대해 써 보는 건 어떨까? 반나절이 지나고 아무 기대 없이 들어간 나의 블로그엔 드디어 방문자가 생겼고 조회수는 100명 단위로 증가하기 시작했다. 신기한 마음에 블로그 기능 중에서 통계를 눌러봤다. 통계를 통해서 오늘 방문자 중에서 어떤 게시물이 가장 인기가 있었는지 알 수 있다. 또 그 게시물에서 어떤 키워드로 사람들이 검색했는지 키워드 검색량을 알 수 있다. 하나의 게시물이 조회수가 높다고 해서 그 블로그의 지수가 갑자기 올라가거나 내 글이 상위노출 되는 것은 아님을 일주일이 지난 다음에 알게 되었다. 하루 만에 갑자기 방문자 100명에서 다시 방문자는 10명대로 감소했기 때문이다. 그때까지 나는 블로그에 대해 잘 몰랐다. 어쩌면 지금도 아는 것보다 모르는 것이 더 많을 수도 있다.

어릴 적 나는 체육을 참 못하는 아이였다. 오죽하면 체력장에서 제일 낮은 5급이었을까. 그런 나에게도 한 방은 있었다. 나는 몸놀림이 느린 편이지만 아이들이 움직일 때 오래 지켜보고 게임의 규칙을 익힌 다음 반드시 내 몫을 해냈다. 체육 시간이 피구 시간이면 나는 움직임을 최소화했다. 조용히 있다가 마지막에 아이들이 우르르 몰려다니면 그때부터 나는 움직이기 시작했다. 무리해서 공을 잡으려는 욕심보다는 공을 잡은 아이의 눈과 손을 주시하며 기다렸다. 그때가 최적의 타이밍이다. 나는 공을 잡기 위해 두 팔을 넓게 벌려서 '퍽' 소리가 나면 꽉 껴안고 공을 잡아냈다. 그리고 그 공을 어디에 던지면 내가 살 수 있을지 생각해 보고 던졌다. 체육을 못하던 나는 적어도 피구 시간만큼은 그렇게 살아남았다.

몇 달간 블로그에 포스팅했다. 하지만 별 성과가 없어서 그만두고 싶은 마음이 들었다. 그때마다 내 마음을 다잡게 해준 사건이 있다. 공부방을 운영할 때 알고 지낸 원장님께 소개받은 마케팅 업체가 있었다. 블로그에 학원 마케팅 전문가가 글을 대신 작성해 준다고 했다. 또 강사 사진을 포함해서 130만 원 정도의 비용을 내면 1년간 마케팅 대행을 해준다고 했다. 주변 원장님께서 먼저 블로그 마케팅 회사에 맡겨서 정상적으로 운영했기 때문에 한 치의 의심도 없이 돈을 입금

했다. 그러던 어느 날 시사 프로그램 중 소상공인 블로그 대행에 대한 주제의 방송이 흘러나왔다.

그제야 나도 블로그 대행을 맡긴 사실이 떠올랐다. 계약 당시 받은 명함에 적힌 번호로 전화를 걸었다. 오랫동안 통화 연결이 되지 않다가 다음 날 내 담당 영업 직원이 퇴사한 사실을 알게 되었다. 몇 달이 지나도록 블로그 관리는 되지 않았을 뿐 아니라 내가 낸 광고비만 날렸다고 생각하니 너무 속상했다. 처음엔 그 회사가 나에게 사기를 친 건가 하는 마음에 분하다는 생각이 들어서 내용증명을 보내고 소액 재판까지 가야 하나 하는 마음이 들었다.

누구를 원망할 것인가! 제대로 된 업체인지 알아보지 않고 계약한 것은 내 실수였다. 또 쉬운 길을 찾기 위해 돈을 내고 마케팅 대행에 전부를 맡긴 게 잘못이라는 생각이 들었다. 전문가에게 맡겨서 더 효율적으로 일을 할 수 있다면 좋은 일이다. 잘 모르는 분야라고 무턱대고 의존하려는 마음으로 일을 맡기는 것은 경계해야 한다는 것을 배웠다.

나는 이 사건을 계기로 깨달은 사실이 하나 있다. 작은 공부방을 운영하더라도 나는 '원장'이다. 그렇다면 학생들을 가르치기 위해 공부방을 홍보해야 하는 주체는 오직 나라는 사실이다. 비용을 내고 광고 대행사에 맡긴다고 해도 나만큼 내 일을 열심히 해줄 사람은 없다.

그렇다면 정말 온라인 마케팅에서 블로그는 중요할까? 누가 그렇게 묻는다면 나는 "네."라고 대답할 것이다. 블로그는 개설하고 플랫폼의 가치가 생길 때까지 제대로 운영하기까지 결코 쉽지 않다. 그러나 완성형 블로그는 원장 대신 24시간 공부방 업무를 처리하는 유능한 홍보 마케팅 직원으로 쓸 수 있다. 그렇다면 어떻게 하면 학원 블로그를 잘 운영할 수 있을까?

그 해답은 전략적인 블로그 운영에 관한 공부에 있다. 서점에서 블로그 관련 서적을 읽어도 좋고 블로그 관련 유튜브 강좌를 들어도 좋다. 다만 그 내용을 그대로 따라 하기보다는 학원 블로그 특성에 맞게 다시 내 방식대로 블로그를 운영해야 한다. 또 글을 쓰고 나서 24시간 이내에 블로그 일간 통계를 보면서 핵심 키워드를 잡는 연습이 필요하다. 한 권의 책을 읽었다고 해도 그 책의 내용을 완전히 이해하기란 어려운 일이다. 하물며 초보 블로거가 네이버 로직을 이해한 후 제대로 된 블로그 글쓰기를 하기란 어려운 게 당연한 일 아닌가.

내가 네이버 블로그를 2년간 하며 상담으로 이어지는 블로그를 운영할 수 있었던 비결은 다음과 같다.

첫째, 블로그에 내 공부방 이야기를 먼저 하지 말라. 대신 사람들이 관심 가질 만한 이야기, 즉 화제성 있는 주제의 글을 남보다 빠르게 쓰려고 노력했다.

둘째, 블로그가 제대로 활성화되었을 때 해야 한다. 공부방 홍보 포스팅만 하지 말고 정보성을 담은 내용을 경험으로 풀어내서 상위노출을 노렸다.

셋째, 네이버가 원하는 것이 무엇이고 사람들이 원하는 것이 무엇인지에 대해 역지사지의 마음으로 이해하려고 노력했다.

블로그 육성을 통해 나는 코로나 시기에 100명 이상의 학부모들과 대면할 기회를 가질 수 있었다. 또 누구도 찾지 않는 공부방에서 30분 이상 거리에서도 차량 이동해서 찾아오는 공부방이라는 타이틀을 얻게 되었다.

1인 공부방을 운영하는 원장님이라면 직원을 고용하는 대신 블로그를 키우는 것을 추천한다. 블로그는 원장님을 대신해서 24시간 내내 홍보하는 업무를 맡아줄 것이다. 블로그 홍보는 선택이 아닌 필수임을 잊지 말자.

$$\textcircled{2}$$

앞서 잘된 블로그를 모방하라

모방은 창조의 어머니라는 격언이 있다. 모방은 모양과 형식의 완성도를 높여주고 거기에 담길 내 것의 가치를 빛나게 하는 방법을 알려준다. 이런 과정이 쌓이면 어느새 나만의 창조도 가능하게 되는 것이다.

블로그 운영에도 모방이 큰 역할을 한다. 꾸준하게 운영해 봤지만 별 볼 일 없는 상태가 지속된다면 뭔가 내가 모르는 진실이 있다는 말이다. 그럴 때면 내 방식을 신속히 버리고 잘되는 블로그를 따라 해야 한다. 인기 있는 블로그가 가장 훌륭한 선생님이라는 것을 기억하면 좋다.

블로그를 모방하려면 ❶ 내가 관심 있는 주제와 비슷한 관심사를 가진 운영자의 블로그를 찾고 ❷ 서로이웃을 맺는다. ❸ 서로이웃 맺은 블로그에 매일 올라오는 글의 제목과 태그를 살펴본다. ❹ 여기서 주의해야 할 것은 특정 블로그 하나를 놓고 분석하지 말고 비슷한 주제를 다루는 여러 블로그의 공통점을 찾아보아야 하는 것이다. 그래야 트렌드를 알 수 있고 제대로 블로그를 운영할 수 있다.

아래 〈예시〉처럼 내가 따라 하고 싶은 블로그의 특징을 어려운 용어가 아닌 나만의 말로 쉽게 바꿔서 한 문장으로 정리해 보자. 최소 세 개 이상의 비슷한 주제로 운영되는 블로그를 분석해 보자. 그 후 블로그 주제를 정하고 블로그의 방향성을 정한다면 블로그 운영이 두 배는 쉬워진다.

A 블로그

❶ 초등학생 독서에 대한 주제로 매주 신간 도서를 소개하는 콘셉트

❷ 주 2회 정기 발행, 매주 월요일, 목요일 오전 10시 포스팅 발행 (예약 발행)

❸ 서로이웃 3,000명, 주로 30대~40대 여성, 댓글 소통

B 블로그

❶ 엄마표 독서 활동과 책 추천 콘셉트

❷ 주 3회 포스팅, 월, 수, 금요일 시간대 일정하지 않고 매주 바뀜

❸ 서로이웃 5,000명, 초등학교 추천 독서목록 공유에 대한 반응이
  좋다.

C 블로그

❶ 그림책 모임과 도서 추천

❷ 주 1회 독서 모임 포스팅, 월요일 시간대 일정

❸ 서로이웃 2,000명

학원장을 대상으로 블로그 마케팅에 대해 수업하며 가장 많이 받는
질문이 있다.

"코치님, 학원 관련 포스팅은 꾸준히 하고 있는데 방문자도 몇 명
없고 블로그가 정체기 같아요. 도대체 뭘 써야 하죠?."

블로그 글쓰기도 잘된 곳을 모방하면 빨리, 효과적으로 배울 수 있
다. 나와 비슷한 관심사를 가진 블로거 다섯 명의 글을 천천히 읽어
본 후 글을 작성하는 연습을 해보면 좋다.

내 블로그 방문자가 100명이라면 1,000명 이상 방문하는 블로그를 눈여겨보고 제목과 내용 그리고 사진 배치와 동영상 등 어떤 형식으로 글을 썼는지 참고하면 효과적이다.

글을 쓸 때는 카테고리별로 내용을 구분해 놓으면 체계적으로 글을 올릴 수 있어서 도움이 된다. 학원장이라면 다음과 같은 기준을 세우면 쉬워진다.

❶ 메인 카테고리 – 교육 분야 소식
❷ 서브 카테고리 – 학원 관련 포스팅
❶ 정보 공유 게시판 – 이슈가 되는 일, 다양한 정보를 제공
❶ 내 관심사 – 내가 가장 좋아하고 많이 아는 분야의 글

그 밖에 자신만의 관점에서 카테고리를 먼저 분류하면 '무엇을 쓸까'에 대한 고민이 줄어든다. 만약 교육 정보 분야에 대한 키워드를 발굴하기 어렵다면 네이버 창에 '교육'이라고 검색해 본다. 이때 검색창 바로 하단에 나오는 연관 검색어를 눈여겨보아야 한다.

〈예시〉 교육을 검색했을 때의 연관 검색어 :

　　　교육이란, 교육이슈, 교육바우처, 국비지원 등

　많은 사람들이 검색하는 키워드이므로 그중 하나를 선택해서 다시 창에서 검색해 본다. 관련 키워드로 올라온 게시글의 제목을 스크롤을 내려서 읽어 본다. 그중 이미 작성한 내용과 약간의 차별성이나 미처 다루지 않은 내용의 하위 검색어를 키워드로 잡고 글쓰기 연습을 하면 된다.

　올해로 브레인K의 블로그 코칭 서비스인 '학블'에서 블로그 수업을 받은 원장님들과 위와 같은 방법으로 한 달에 최대 120편의 글쓰기를 연습했다. 원장님들은 한 달 사이에 원하는 키워드를 상위에 노출시키는 능력과 더불어 자신의 학원 브랜딩 글쓰기 역량까지 키울 수 있었다.

　최근 코칭한 원장님 중에서 기억에 남는 분은 중계동 은행 사거리 수학 학원 C 원장님이시다. 마케팅이나 홍보의 필요성을 전혀 느끼지 못하다가 한 번 해볼까 하는 마음으로 시작했다고 했다. 1일 2포스팅을 꾸준하게 실천하는 것은 기본이고 학원에서 아이들과 상담한 내용을 진솔하게 작성해서 매주 올리기까지 하고 있다.

J 원장님은 블로그 코칭 후 2주 만에 15명의 신입생이 블로그를 통해 입회했다는 소식을 전해주었다. 동시에 스마트 플레이스에서 지역 1등으로 검색되는 등 빠른 아웃풋으로 블로그를 열심히 한 보람을 느꼈다고 한다.

아직 블로그를 개설하지 않은 원장님이 계시다면, 지금 당장 시작부터 하길 바란다. 돈 한 푼 들이지 않고 24시간 우리 학원 개인 비서와 같은 역할을 해주는 블로그 직원을 마다할 이유가 무엇인가?

무조건 상위 노출되는 5가지 비법

블로그를 검색 상위에 띄우기 위해서는 기본적으로 5가지를 점검해야 한다. 콘텐츠, 키워드, 제목, 본문, 운영자가 그것이다. 여기서 가장 기본적이고 필수적인 것은 콘텐츠이다. 콘텐츠는 블로그의 기둥이다. 탄탄하고 깊이 있는 콘텐츠를 작성해야 하는 이유다. 다른 것은 구독자들이 콘텐츠를 잘 찾아오도록 효과적으로 홍보하기 위한 수단일 뿐이다. 콘텐츠에 진심인 블로그가 살아남고 오래갈 수 있다.

콘텐츠

구독자는 운영자가 가지고 있는 가장 좋은 것, 가장 특별한 것이 뭔지 궁금해서 블로그에 들어온다. 그러니 그것을 줘야 한다. 구독자의 신뢰를 얻어내는 가장 확실한 방법이다. 신뢰는 입소문으로 이어진다. '이 블로그에는 내가 찾는 내용이 있네.'라는 생각이 들도록 했다면 성공한 것이다.

❶ 구독자 관점에서 글을 쓰는 것이 중요하다. 모든 글은 읽는 사람을 만족시켜야 한다. 되도록 짧게 쓰고 쉽게 쓰면 된다. 도입 부분을 절대 길게 쓰지 않는 것도 중요하다.

❷ 독자들이 궁금해하는 것을 시원하게 해결해 주는 것이 중요하다. 운영자 본인이 궁금했던 것을 속 시원히 알려주는 것도 큰 효과가 있다.

❸ 운영자의 노하우를 아낌없이 공개하는 것이 좋다. 이 부분에서 구독자들은 운영자를 전문가로 인정하게 되고 신뢰를 보내게 된다. 운영자의 성공 경험과 사례는 많은 구독자를 유입하는 지름길이다.

키워드 선정

키워드는 사람들이 검색할 때 사용하는 단어 또는 문구이다. 키워드를 선정할 때도 역시 구독자를 먼저 생각해야 한다. 그들이 무엇을 검색하는지 파악해서 키워드를 선정하는 것이 중요하다.

❶ 사람들이 많이 검색하는 키워드 : 이런 키워드를 선정해야 사람들이 내 블로그에도 찾아올 확률이 높아진다.

❷ 검색량은 많은데 경쟁이 낮은 키워드 : 사람들은 많이 찾는데 블로그에서는 아직 많이 작성되지 않은 키워드는 내 블로그를 바로 상위로 올려주는 열쇠이다. 100명이 검색했는데 내 블로그에 올린 글이 유일하다면 100명 모두 내 블로그에 들어올 것이다.

❸ 긴 키워드 : 롱테일 키워드라고도 한다. 긴 키워드는 많은 사람이 찾지 않지만 그만큼 경쟁도 없다. 그래서 노출될 가능성이 커진다. 경우에 따라 긴 키워드를 선정하는 것도 효과적이다.

❹ 연관성 : 모든 키워드는 내 블로그의 콘텐츠와 관련이 있어야 한다.

제목

블로그 요소 중 검색에 따라 가장 먼저 노출되는 것이 제목이다. 제목은 신경을 많이 써서 신중하게 작성해야 한다.

❶ 키워드를 반드시 포함해라.

❷ 트렌드를 반영하는 제목이면 좋다. 요즘 유행하고 있는 노래 제목, 가사, 드라마 제목, 대사 등을 활용한 제목이면 눈에 띌 확률이 높아진다.

❸ 콘텐츠를 반영해서 무슨 내용인지 제목에서 알 수 있다면 효과적이다.

❹ 유니크한 제목이어야 한다. 다른 블로그에 동일하거나 비슷한 제목이 있다면 노출 가능성이 적어진다.

본문 작성

실제적인 콘텐츠가 담기는 부분이 본문이다. 혼자 쓰고 만족하는 블로그가 아니라면 노출이 잘 되는 본문이어야 의미가 있다.

❶ 본문에서 키워드가 자연스럽게 드러나는 것이 좋다. 뜬금없이 키워드가 나오거나 너무 많이 나오면 오히려 역효과가 날 수 있다.

❷ 짧고 간결하게 쓰는 것이 좋다. 운영자가 말하고 싶은 것을 한눈에 알 수 있도록 주어와 서술어를 명확하게 써야 한다. 글을 읽는 첫 번째 독자는 인공지능이라는 것을 기억해야 한다.

❸ 다양한 키워드 변형이 필요하다. '블로그'가 키워드이면 '블로그를', '블로그의', '블로그에서' 등 다양하게 사용하는 것이 좋다. 동일한 뜻을 가진 다른 단어를 쓰는 것도 도움이 된다.

❹ 이미지를 사용하는 것이 좋다. 글의 내용을 이해하기 쉽게 하는 효과가 있다. 검색 결과에서 글과 이미지가 등장하면 구독자들이 이미지를 선택할 가능성이 크기 때문에 상위 노출에도 좋다.

운영자

상위 노출은 하루아침에 되는 것이 아니다. 운영자는 조급한 마음을 버리고 꾸준히 차근차근해 나가는 것이 중요하다.

❶ 주기적인 업데이트

검색 엔진은 아무 변화도 없는 블로그는 패스할 가능성이 크다. 뭔가 변화가 있는 블로그는 방문해서 확인할 가능성이 커진다. 검색이 잘되기를 바란다면 당연히 주기적으로 업데이트해야 한다.

❷ 활발한 활동

블로그를 운영하고 있다면 다른 SNS 채널에 계속 자신의 블로그를 올리는 것이 좋다. 계속해서 SNS에 노출하면 사람들이 점점 관심을 가지고 내 블로그에 들어올 가능성이 커진다. 다른 SNS 채널이 없다면 만들어서라도 적극적으로 홍보하는 것을 권한다.

❸ 지속적인 키워드 연구

검색량이 많고, 경쟁률이 낮은 키워드를 항상 조사하고 파악하고 있어야 한다.

❹ 콘텐츠 수준 향상

정확하고 유익한 콘텐츠를 작성하여 구독자들과 검색 엔진이 내 블로그를 높이 평가할 수 있도록 노력하는 것이 중요하다.

서로이웃,
1,000명 만드는 한 달의 비밀

"강사님, 어떻게 하면 서로이웃을 빨리 모을 수 있을까요?"

온라인으로 블로그 마케팅 강의를 할 때 수강생 중 한 명이 내게 한 질문이다. 그는 브랜딩과 수익화라는 명확한 목표를 가지고 있었다.

과연 블로그에서 서로이웃은 중요할까? 과거에는 블로그 이웃의 수가 많으면 많을수록 좋았다. 지금은 끈끈한 소통을 할 수 있는 애정 이웃이 있느냐가 더 중요하다.

블로그는 하나의 가상 공간이다. 그 안에서 다양한 이웃과 함께 생활하고 소통하는 과정은 블로그 육성에 있어서 중요하다. 이웃이나 서로이웃은 이런 측면에서 큰 의미를 갖는다.

서로이웃이란 블로그에서 서로이웃 신청과 서로이웃 동의라는 절차를 통해 맺어지는 관계이다. 이웃은 자유롭게 추가할 수 있지만 즐겨찾기 정도의 효과가 있을 뿐이다. 서로이웃은 서로 동의를 해야 하는 관계다. 이웃보다 결속력이 더 단단하다.

이웃과 서로이웃은 최대 5,000명까지 추가 가능하다. 서로이웃은 하루 최대 100명에게 신청할 수 있다. 하루에 30~35명씩 서로이웃 맺기를 꾸준히 한다면 1,000명은 한 달이면 되는 숫자다. 결코 어렵지 않다. 하지만 이제 막 시작한 블로거의 경우 서로이웃을 신청하는 것이 쉽지 않다. 어떻게 해야 서로이웃 1,000명을 쉽게 만들 수 있을까?

첫째, 내가 운영하고자 하는 블로그의 목적에 맞는 이웃을 찾기 위해서 검색창에 원하는 키워드 검색을 통해서 이웃을 신청하는 방법이 있다. 예를 들면 검색창에 '엄마표 영어'라고 검색한다. 검색 결과로 나온 블로그에 들어가서 게시글을 몇 개 읽어 본다. 서로이웃을 맺는다는 의미는 앞으로 해당 블로그에 자주 방문하고 서로 교류하겠다는 뜻이다. 이웃 신청을 할 때 상대방의 관심사와 내 관심사의 공통점을 찾아서 이웃 신청 시 그 내용을 이야기하며 자연스럽게 써서 이웃 요청하는 것이 좋다. 어느 정도 블로그를 키운 사람은 이제 시작한 블로거나 관심사가 동떨어진 블로거가 서로이웃을 신청한다면 거절할 가능성이 높다.

좋은 예)

안녕하세요. 저는 엄마표 영어로 아이랑 즐겁게 영어 공부 중인 도레미맘이에요. 나무맘님 포스팅을 읽어 보니 저랑 관심사가 비슷해서 꾸준하게 블로그로 소통하고 싶어서 서로이웃 신청해요.

나쁜 예)

우리 서로 이웃해요. (자동 입력 문구)

둘째, 블로그 메인 화면 홈 편집 옆에 사람 모양의 아이콘이 있다. 이 부분을 클릭하면 내가 추가한 이웃과 나를 추가한 이웃 목록이 보인다. 내 이웃 중에서 서로이웃을 공개한 경우와 비공개로 해놓은 경우가 있다. 이웃이 공개한 이웃의 블로그 명을 누르면 자동으로 그 블로그에 방문할 수 있다. 그 블로그의 분위기를 살펴보고 나와 관심사가 비슷하다면 서로이웃을 신청하면 된다. 일부러 블로그를 찾기 위해 검색할 필요가 없어서 보다 효과적이다.

셋째, 내가 알고 있는 내용 중에서 전문가 정도의 지식은 아니더라도 관심 있는 분야에 대한 정보를 PDF 전자책으로 만든다. 해당 게시글을 스크랩하고 댓글을 달면 PDF 전자책을 발송한다는 이벤트를 진행하면서 이벤트 참여 조건으로 서로이웃을 신청하도록 하는 방법이 있다. 이렇게 하면 서로이웃을 신청하는 사람들이 빠르게 늘어난다. 만약 전자책을 쓸 상황이 아니라면 커피 기프티콘 등 가벼운 선물을 걸고 서로이웃 맺기 이벤트를 진행하는 방법도 효과적이다.

위에 나열한 방법대로 서로이웃을 맺다 보면 한 달에 1,000명의 이웃이 생기고 5,000명의 이웃도 그리 어려운 일은 아니다. 만약 블로그를 운영하다가 이웃이 5,000명이 넘으면 어떻게 해야 할까?

이웃 수가 5,000명이 넘으면 새로운 이웃을 맺을 수 없다. 더 이상 이웃 추가가 어렵다면 이웃 목록을 열고 한 명씩 클릭해 본다. 현재 블로그 활동이 없다면 그 이웃을 삭제하고 새로운 이웃을 추가하면 된다.

블로그의 규모가 커질수록 이웃과의 교류는 매우 중요하다. 블로그 운영 초반에는 이웃을 맺기 위해 먼저 다른 블로거에게 다가가는 적극성이 꼭 필요하다.

$$\widehat{5}$$

AI가 좋아하는 키워드 공식이 있다

우리는 살아가면서 다양한 사람을 만나고 그들과 많은 대화를 나눈다. 일상 대화를 할 때라면 큰 기술이 필요하지 않다. 하지만 비즈니스 상황이라면 이야기는 달라진다. 내가 아무리 정확한 의사 표현을 했다고 해도 때로는 상대방에게 전달될 때 오해가 생길 수 있다. 상대방이 어떤 부분에서 불편함을 느꼈는지 되짚어 보면 오해를 금세 풀수 있다. 나와 생각이 다른 사람과 대화할 때라면 더욱 상대방의 이야기를 경청해야 한다. 그렇게 해야 그 사람이 가진 생각을 정확하게 읽을 수 있고 좋은 비즈니스로 연결될 가능성이 크다.

내가 공부방을 창업하고 가장 어려웠던 일은 한 번에 두 명의 고객을 상대해야 하는 일이었다. 신입생 입학 상담을 할 때 학부모와 원활한 의사소통으로 교육 서비스에 대한 설명과 학생에게 어떤 비전을 줄 수 있는지 학부모님을 설득해야 했다. 또 학생을 만나서 개별적 맞춤 교육을 통해 아이의 학습 효과를 이끌어야 했다. 어쩌면 당연히 해야 할 일이라고 생각할 수 있지만 둘 중 한 가지라도 부족함이 생기면 퇴원생으로 이어지는 결과로 나타났다.

처음 대면한 학부모의 마음을 한순간에 사로잡는 일이란 얼마나 어려운가! 어쩌면 소개팅 자리에 앉아서 처음 만난 이성의 마음을 빼앗는 것보다 더 어려울 수 있다. 그렇다면 학부모에게 미리 내가 운영하는 원에 대한 사전 정보를 주는 것이 필요하다. 그래서 온라인과 오프라인을 넘나들며 광고와 홍보를 하는 것이다.

누군가 길에서 전단지를 받았을 때 전단 문구 중 가장 눈에 들어오는 글자를 읽고 필요 없는 내용이라 판단되면 바로 휴지통에 버린다. 마찬가지로 네이버에 검색할 때 처음 들어오는 글자가 눈에 띄지 않으면 그 게시글은 클릭하지 않는다. 사용자가 원하는 정보가 담긴 글을 찾기 위해 스크롤을 내려서 다른 게시글을 클릭한다.

몇 년 전 공부방을 홍보하기 위해 하루에 게시글을 4개씩 작성하는 것을 목표로 한 달에 최소 100개 이상의 포스팅을 한 적이 있다. 방치된 블로그를 살리기 위해서 꾸준히 게시글을 써서 블로그에 '나'라는 사람이 네이버 세상에 살고 있다는 것을 알리기 위한 일부터 시작했다.

1인 공부방 원장에게 고객은 학생과 학부모님이다. 학생에게 좋은 교육 서비스를 제공하는 것은 물론이고 학부모님과 원활한 소통을 해야 하는 직업이다. 학부모와 학생과 대면을 통해 신뢰를 쌓는 것은 물론이고 SNS를 통해서 꾸준히 소통하는 것 또한 중요해진 시대이다.

블로그 글쓰기에서 가장 중요한 것은 글을 읽는 대상을 명확하게 파악하는 것이다. 그렇다면 블로그에 글을 쓰면 '누가 읽을까'에 대한 고민을 먼저 해야 한다.

블로그 독자는 둘로 나눌 수 있다. 첫 번째 독자는 내 글과 사진을 읽고 분석하는 네이버 AI다. AI는 글을 판별할 때 검색어, 문서 내용, 주제 적합도 등을 가려낸다. 네이버 사용자가 원하는 키워드를 검색할 때 만족할 수 있는 데이터를 주기 위해 AI는 웹페이지에 있는 다양한 글과 비교해서 해당 게시글을 상위 노출 시킬지 결정한다.

그렇다면 네이버는 어떤 내용의 글을 좋아할까? 네이버 정책을 살펴보면 그 답을 알 수 있다. 네이버는 2023년 역대 최고의 영업실적을 냈고 연간 매출액은 9조 6,706억 원에 달한다. 네이버는 2023년 매출액 증가와 영업이익 14.1%를 낼 수 있었던 비결을 자체 시장의 성장과 비용 효율화라고 밝힌 바 있다.

네이버는 '네이버 세상'에서 사람들이 살아가며 다양한 경험을 공유하며 살아가기를 바란다. 시험 문제를 잘 풀려면 출제자의 의도를 파악해야 하는 것처럼 네이버 블로그에서 상위 노출되려면 네이버에 대한 이해가 반드시 필요하다.

네이버가 아무리 AI라고 해도 네이버를 사용하는 것은 결국 사람이다. 나는 네이버를 하나의 세상이라고 규정하고 나를 '네이버인'이라는 가정하에 네이버 블로그에 다가갔다. 그러자 엉킨 실타래에서 실마리를 찾아낼 수 있었다. 마치 네이버 AI가 나에게 질문을 던지는 것같이 머릿속에 다음의 질문이 떠올랐다.

"당신은 네이버에 무엇을 공헌하고 있나요?"

이 질문을 스스로 던지고 깨달은 사실이 하나 있다. 네이버에 내가 운영하는 교습소가 상위 노출되길 원하면서 정작 나는 단 한 번도 다른 사람의 스마트 플레이스에 리뷰를 단 적이 없다는 사실이었다. 사람들 사이에도 누군가 밥 한 번 사면 다음엔 커피 한 잔 사는 것이 기본 예의인데 네이버라고 다를까?

나는 네이버 월드에서 네이버인으로 생활해 보기로 했다. 그러자 나에게는 큰 변화가 일어났다. 예를 들면 내가 거주하는 지역과 과목을 검색하면 나의 교습소가 바로 상위 노출되었다. 또 운영하는 교습소 이름이나 부캐로 설정한 닉네임을 검색하면 관련 블로그와 기사 등 동명이인과 경쟁해도 상위 노출되는 경험을 할 수 있었다.

블로그 덕분에 5.5평 작은 교습소에서 원생 50명을 단기간에 모았다. 교습소에서 학원으로 확장 이전할 때였다. 20명의 학부모를 만날 수 있었던 계기도 블로그에 꾸준히 올린 게시글을 본 어머님들이 이전 소식을 먼저 듣고 나를 찾았다고 했다. 심지어 학원 개원 후 공동 운영이 어려워서 폐업할 때도 마찬가지다. 다시 공부방으로 돌아왔을 때 나에게 용기를 준 분들이 있었다. 3년 전 블로그 게시글에 올린 나의 철학 교육을 끝까지 믿어준 소수의 학부모님이 있었기에 공부방 운영이 가능했다.

효과적인 블로그 운영을 위해 나는 먼저 네이버에서 할 수 있는 일을 찾아서 하기 시작했다.

첫째, 오픈마켓에서 구매하던 물건을 가격 차이가 크게 나지 않는 경우 네이버 쇼핑에서 구매했다. 쇼핑 후기를 사진과 동영상을 넣어서 정성껏 썼다. 내가 쓴 상품 리뷰를 많은 사람들이 클릭했다. 1,000명이 클릭할 때마다 알림이 뜨자 상품 리뷰를 더 정성껏 쓰게 되었다.

둘째, 가족과 함께 맛집에 가서 식사하고 사진을 몇 장 찍어온 뒤 네이버 마이플레이스에 영수증 리뷰를 작성했다. 지금까지 총 577개의 방문 후기를 썼고 조회수는 25만 8천이며 한 달 조회수는 3,000명이다. 가장 많은 조회수를 기록한 게시물은 3만 2천 명이다.

셋째, 블로그에 올리는 글을 정보성 게시글 70%, 사업과 직결된 비즈니스 게시글 30%의 비중으로 맞췄다. 학원 블로그에 관심 있는 대상은 정해져 있다. 블로그를 꾸준히 하지 않고 학원 게시글만으로 하루 방문자 100명을 넘기기 어렵다. 다양한 분야의 정보성 글을 꾸준히 발행한다면 다른 경로로 이웃이 들어올 확률이 높다. 이렇게 블로그 지수를 높인 다음 내가 정말 하고 싶은 말인 내 영업에 도움 되는 게시글을 쓴다면 상위 노출 가능성은 올라간다.

넷째, 운영 중인 다른 SNS 채널에 블로그 주소를 함께 올리면 좋다. 인스타그램, 당근마켓, 네이버 플레이스에 블로그 주소를 연동하면 더 많은 사람이 찾아올 가능성이 크고 그로 인해 자신의 비즈니스를 확장할 수 있다.

그렇다면 AI가 좋아하는 키워드 공식은 무엇일까? 내가 써야 할 글이 있다면 제목을 먼저 잡고 그 제목을 중심으로 키워드를 뽑는 게 좋다. 제목에서 맨 앞에 놓인 말이 가장 핵심이 되는 중심 키워드이고 다음 순서에 서브 키워드를 배치하면 좋다.

2020년 5월 1일 작성한 포스팅 중에 스마트 구몬 학습지에 대한 경험담을 쓴 적이 있다. 이 게시물의 경우 '구몬 위약금'이라고 검색하면 2024년 2월 현재 교육·학문 인기글 2위로 노출된다. 3년 전에 쓴 글이 아직 상위 노출이 될 수 있었던 이유는 다음과 같다.

직접 경험한 내용을 도입부에 쓰고 글의 중간에 구몬 위약금 공식을 썼다. 글의 마지막엔 경험과 정보를 바탕으로 나의 의견을 썼다. 글의 종류로 따진다면 수필, 설명문, 논설문의 형태로 배열했다. 문체는 구어체를 사용했다. 블로그는 특별한 형식이 없이 자유로운 환경에서 생각을 적는 공간이므로 문어체를 쓴다면 딱딱하고 지루해져서 그 글을 끝까지 읽기 힘들다.

본문을 완성하면 다시 한번 제목으로 올라가서 제목을 단어별로 묶어서 순서를 바꿔가며 태그를 만든다. 글의 맥락과 맞는 가장 중요한 단어를 첫 번째 태그로 넣으면 좋다.

이런 방법으로 계속해서 블로그를 관리한다면 지금보다 노출될 가능성이 훨씬 높아질 수 있을 것이다.

$$\text{(6)}$$

매출 200% 성장시키는 블로그 마케팅

작년 6월 다시 한번 공부방을 창업했다. 공부방에서 교습소로 넓혀 가고 교습소에서 다시 학원으로 확장했다. 5년 만에 이뤄낸 변화였다. 무자본 공부방 창업 원장이었던 나는 학생이 늘어날 때마다 사업 규모를 키우는 것이 성공 로드맵이라고 생각했다. 일반적으로 생각하면 맞는 말일지도 모른다. 돌이켜 보면 나는 제대로 준비된 원장이 아니었다.

나는 대학 시절 생계형 과외 아르바이트부터 시작했다. 가정 형편이 어려웠던 나는 학교에서 전액 장학금을 받는다고 해도 당장 교통비와 식비가 없어서 학교 다닐 형편이 아니었다. 학교에 다니면서 집에도 어느 정도 도움을 줘야 하는 상황이었기 때문이다. 나의 어려운 사정을 알던 친구가 자신이 맡아서 가르치던 과외 학생을 소개해 줬다. 비평준화 학군지에서 과외 학생 한 명으로 시작했는데 점점 입소문이 나면서 학생이 꽤 늘었다.

18평 아파트 작은 방 한 칸에서 혼자 가르칠 수 없을 정도로 학생이 많아졌다. 학원에서 근무할 때 알고 지내던 선생님들에게 도움을 요청했다. 대학 동기와 학원 재직 시 알고 지내던 강사를 중심으로 모여서 공동명의로 학원을 열었다. 여기서부터 더 큰 고민이 시작되었다. 과외 수익과 강사 수익 사이에서 서로에게 유리한 조건을 찾기 위해 거듭 협의했다. 강사들의 급여를 맞춰주고 동시에 주말 근무 1일과 평일 근무 3일로 주4일 근무제로 업무 환경을 바꿨다. 전임 선생님의 역할을 도울 파트 타임 선생님을 더 고용하더라도 전임 선생님이 오랫동안 일하고 싶은 학원으로 만들고 싶었다.

내가 학생을 많이 모은 비결은 딱 한 문장이었다. 과외 시장에서 스펙도 중요하지만 결국은 학부모의 기대효과를 충족시켜 주는 결과를 제시하는 것이 먼저이기 때문이다.

"3개월간 학생을 저에게 맡겨 주세요. 만약 학생에게 아무 변화가 일어나지 않는다면 과외비 3개월 수업료 전액 돌려 드리겠습니다."

이런 내용의 문구로 홍보했다. 그렇게 만난 학부모와 상담이 끝나면 계약서를 작성해서 드리며 말했다. "학생의 시간을 저에게 잠시 빌려주세요. 어머님이 저를 믿고 자녀의 수업을 맡겨 주신다면 절대 그 시간을 헛되이 하지 않겠습니다."라고.

운영하던 공부방이 운영 1년 만에 소위 대박이 나서 18평 아파트에서 학원으로 바로 확장했던 20대 원장이었던 과거의 내가 마흔의 나에게 말했다. 마흔의 너도 할 수 있다고. 그래서 나는 마흔 살에 공부방 창업이 두렵지 않았다. 전공자라는 타이틀과 14년 강의 경력만으로 7년 경력 단절 여성이자 세 아이의 엄마인 나는 1인 공부방 운영에 도전했다.

공부방 운영 1년까지 동네 아이들을 20명 모아서 가르쳤다. 내 아이가 학교에 간 시간에 오전엔 운동하고 아파트 입주민 무인카페 회장으로 봉사활동을 했다. 봉사활동이 끝나면 오후 1시부터 수업 준비를 시작해서 공부방 원장으로 변신해서 업무에 들어갔다. 공부방을 창업하기 전에 온라인 쇼핑몰에서 최저 시급 7,530원을 받던 시기가 있었다. 그때를 생각하면 공부방 창업 이후 소득은 결코 적은 돈이 아니었다.

그럼에도 공부방 운영 2년 차에 들어서면서 점점 고민이 커졌다. 원생은 더 이상 늘지 않고 도돌이표처럼 신규 학생이 들어오면 퇴원생이 생겼기 때문이다. 그때 마침 코로나가 시작되고 분위기는 더욱 안 좋았다. 다른 원장님들은 어떤 상황인지 궁금했다. 12만 명 이상의 공부방 원장님들이 모여있는 '성공운'에 들어가서 게시글을 하나둘 읽어 내려갔다. 글을 읽으며 한 가지 알게 되었다. 코로나 시기에 나처럼 운영에 어려움을 느끼는 원장님도 늘고 있었다. 또 어떤 원장님은 오히려 위기를 기회로 만들기 위한 노력을 한다는 사실을 깨달았다.

나는 공부방을 먼저 알리기보다 나를 먼저 알리는 것을 선택했다. 그래서 부캐 〈브레인K〉를 만들고 모든 SNS 채널에 글을 쓸 때 부캐로 살았다. 공부방 이름으로 나를 홍보하면 나는 〈브레인국어논술공부방〉 원장으로 불릴 것이다. 그러나 나를 홍보하면 내가 운영하는 그 어떤 사업장도 모두 브랜드가 될 수 있다. 마흔에 시작한 공부방은 현실적으로 최대 20년 이상 운영하기 어렵다. 앞으로 비전을 생각한다면 스스로 굳이 공부방 원장이라고 규정지을 필요는 없다. 앞으로 꿈꾸는 모든 비즈니스를 밑그림으로 그린 후 만든 닉네임이 〈브레인K〉다.

나는 평소 이야기하는 것을 좋아한다. 어쩌면 좀 수다스럽기까지 하다. 그런 내 성향을 적극적으로 활용해서 블로그에 나의 이야기를 하나씩 채워 나갔다. 공부방 창업 과정부터 내가 공부방 원장으로 살아가는 현재 진행형 이야기까지 썼다. 또 학생들과 함께 수업한 내용을 사진과 이야기를 넣고 동영상으로 제작해서 올렸다. 이 과정에서 나는 다른 공부방과 차이점을 만들어냈다. 수업 중 강의 내용과 학생들의 대답을 5분 내외 녹음 파일로 만들어서 녹음 파일을 '이지 보이스 레코더 프로' 앱으로 동영상으로 만들었다. 학부모님들의 반응은 폭발적이었다.

더 이상 아이에게 '오늘은 뭘 배웠니?'라는 질문을 하지 않는다고 했다. 6개월을 다녀도 '아이가 뭘 배웠는지 모르겠어요.'라는 한 학부모의 말에서 나는 내 수업을 공개하기로 했다. 어떻게 하면 6개월 만에 아이의 변화를 결과로 보여줄 수 있을까? 학생이 처음 들어왔을 때 쓴 글과 6개월이 지난 시기에 쓴 글을 비교해서 올렸다. 하지만 모든 학생에게 드라마 같은 반전이 일어나지 않았다. 그래서 나는 아이들의 성장 과정을 매주 1회 피드백하는 것을 목표로 네이버 블로그와 밴드를 운영했다. 학생이 원고지에 작성한 글과 그날 배운 부분 영상 5분 그리고 수업에 대한 간단한 피드백을 올렸다.

그러자 두 가지 변화가 일어났다. 재원생 어머님들의 수업 만족도가 올라갔고 동시에 수업 만족도에 대한 리뷰가 쏟아지기 시작했다. 난 이 리뷰를 모아서 블로그에 올렸다. '브레인 논술 학부모 리뷰'라는 게시글은 누적 조회수가 2,168로 많은 분이 찾아보는 글이 되었다. 그 이유는 학부모가 직접 올린 리뷰가 더 신뢰성이 가기 때문이다. 블로그를 통해 학부모의 리뷰가 중요하다는 사실을 알게 되고 나는 바로 당근마켓 시장에 진입했다.

당근마켓의 당근이 '당신의 근처'라는 것을 사람들이 모르던 시기인 2020년에 나는 이미 당근마켓에 광고를 시작했다. 공부방, 교습소, 학원의 공통점은 지역 거점 기반 사업이라는 점이다. 따라서 나는 이 점을 내 사업에 적극 활용하기로 마음먹었다. 모두가 '학원 광고를 어떻게 당근마켓에 해?'라고 생각할 때 먼저 시장에 진입한 결과 나는 당근마켓 광고에서 누구보다 먼저 그 시장의 가능성을 경험했다. 블로그와 당근마켓을 활용해서 1년에 100명 이상의 학부모를 5평 공간에서 만날 수 있었다. 내 경험을 학원장 오픈 카톡방 〈학원모〉에 이야기하자 많은 원장님이 강의를 요청했다.

성인 대상 강의, 그것도 동종업계 종사자인 학원장을 대상으로 첫 강의를 하다니! 강의 전에 무척 떨렸다. 돌이켜보면 가르치는 일을 하는 원장님들에게 내가 가진 쥐꼬리만 한 지식을 가르치려 들었다니 정말 무모한 일이었는지도 모른다. 당근마켓 광고로 성공한 사람이 있다니 '어디 한 번 들어보자!' 하는 마음으로 온라인 수업에 들어온 분이 많았다. 코로나 시기에 나 또한 원장님들이 모인 카페에서 사업적 아이디어를 얻었기에, 내 이야기가 다른 누군가에게 도움이 되기를 바랐다. 그렇게 온라인으로 전국에 계신 원장님들 100명이 넘게 입장한 줌에서 강의했다.

동네에서 초·중학생들과 소규모 수업을 하는 나와는 달리 사업적으로 굉장히 성공하고 있는 원장님들 중에서도 새로운 온라인 마케팅에 대해 궁금해서 공부하려는 분들이 많다. 마케팅 업체에만 맡기고자 해도 이제 협업에 종사하는 원장님들의 온라인 마케팅 능력이 향상되어야 한다. 아무리 업체에 맡기더라도 기본적인 방법은 원장이 알고 있어야 한다.

지난 4년간 오픈 카톡방과 카페 그리고 밴드에 모인 원장님들을 대상으로 블로그, 스마트플레이스, 당근마켓 강의를 하고 있다. 내가 좋아하는 일이고 잘하는 분야인 학원 분야 마케팅 전문가로 활동 중이다. 2023년부터 온라인 강사에서 1인 기업 〈브레인학원마케팅〉을 창업했고 학원 블로그를 메인 아이템으로 사업을 시작했다. 학원 블로그의 줄임말인 '학블'로 매월 15명의 원장님과 챌린지를 이어가고 있다.

올해로 21년 교육서비스업 종사자이고 〈브레인국어논술〉 원장이자 〈브레인학원마케팅〉 대표로 살아가고 있다. 매출 200%를 향상시키기 위한 비결은 소비자를 설득하기보다 소비자의 니즈를 정확히 파악하고 거기에 맞는 서비스를 먼저 찾는 것이다. 고객은 모두 각각 자기에게만 맞는 특별한 서비스를 받고 싶어 한다. 그렇다면 마케팅 또한 거기에 맞는 다양한 각도로 접근해야 함을 잊지 말자.

"나 자신에 대한 자신감을 잃으면,
온 세상이 나의 적이 된다."

– 랄프 왈도 에머슨